Peter Owen · Dekorative Knoten

Peter Owen

Dekorative
KNOTEN

Für Becky Owen

Die Deutsche Bibliothek – CIP-Einheitsaufnahme

Owen, Peter:
Dekorative Knoten / Peter Owen. [Übers. aus dem Amerikan.
von Gabriele Graf]. – München ; Wien ; Zürich : BLV, 1997
  ISBN 3-405-15173-2
NE: HST

BLV Verlagsgesellschaft mbH
München Wien Zürich
80797 München

Titel der amerikanischen Originalausgabe:
THE BOOK OF DECORATIVE KNOTS
erschienen bei Lyons & Burford Publishers, New York/USA
© 1994 Peter Owen

Deutschsprachige Ausgabe:
© 1997 BLV Verlagsgesellschaft mbH, München

Übersetzung aus dem Amerikanischen von Gabriele Graf

Lektorat: Edith Ch. Kiel
Herstellung: Rosemarie Schmid
Umschlaggestaltung: Sander & Krause Werbeagentur, München

Gesamtherstellung: Pustet, Regensburg

Gedruckt auf chlorfrei gebleichtem Papier

Printed in Germany · ISBN 3-405-15173-2

Inhalt

Einführung

Schmuckknoten und Knüpfwerk übten schon immer eine besondere Faszination aus, da sie Zweckmäßigkeit mit ästhetischem Anspruch vereinen. Nur wenige der hier dargestellten Knoten sind rein dekorativer Natur. Die meisten haben praktischen Nutzen und werden von altbekannten Standardknoten abgeleitet. Sie alle lassen Spielraum für individuelle Kreativität und persönlichen Einfallsreichtum. Auf Grund ihrer Komplexität und Ausführung können sie die Aufmerksamkeit so fesseln wie ein spannendes Puzzle.

Schmuckknoten blicken auf eine lange noble Geschichte zurück. Sie gehören zu den ältesten und gebräuchlichsten Formen der Volkskunst, die auch heute noch in weiten Teilen der Welt Anwendung finden. Im Laufe der Zeit hat das Knüpfen von Schmuckknoten immer mehr Freunde gewonnen und gilt heute als angesehene Kunstform.

Früher nahm das Erlernen der Knotenkunst viele Jahre in Anspruch. Das Wissen wurde oft nur unter dem Siegel der Verschwiegenheit weitergegeben. Dieses Buch gibt dem Leser Gelegenheit, durch leicht verständliche Anleitungen und klare Phasendarstellungen innerhalb weniger Stunden 50 klassische Schmuckknoten zu erlernen. Die sorgfältig erklärten und beschriebenen Knoten beeindrucken nicht nur durch ihr attraktives Erscheinungsbild, sondern haben in zahlreichen Bereichen des täglichen Lebens – vom Segeln, Fischen, Jagen und anderen Outdoor-Aktivitäten bis zu Mode und Innenarchitektur – eine praktische Daseinsberechtigung.

Geschichte

Die Knotenkunst ist so alt wie die Menschheit. Die Steinzeitmenschen verwendeten Knoten zum Sichern und Befestigen ihrer Fallen, Kleider und Behausungen. Im Grab des Tutanchamun fand sich gewundenes und geflochtenes Seilwerk. Das Volk der Inka in Peru verwendete eine verknotete Schnur anstatt geschriebener Zahlen. Die Griechen, Römer und andere alte Zivilisationen wußten vermutlich ebensoviel über Knoten wie die modernen Menschen.

Während ihrer langen Geschichte war die schmückende Eigenschaft der Knoten fast so wichtig wie ihre praktische Anwendung. Beweise dafür finden sich an vielen Orten und in zahlreichen Zeitaltern. Sie reichen von den kunstvollen Mustern an keltischen Artefakten bis zur Einfassung des Kleids der Mona Lisa von Leonardo da Vinci. Doch besonders verdient um Schmuckknoten machten sich die Seeleute auf den großen Segelschiffen des achtzehnten und neunzehnten Jahrhunderts. Ihnen ist es zu verdanken, daß das Knüpfen dekorativer Knoten zu einer besonderen Form der Volkskunst geworden ist.

Während ihrer langen Seereisen hatten die Matrosen häufig recht wenig zu tun. Dies galt besonders für die Walfänger, die länger als andere Schiffe auf See waren und zudem eine große Zahl von Seeleuten an Bord hatten. Allein auf hoher See und häufig des Lesens und Schreibens nicht mächtig, mußten die Matrosen eine Beschäftigung finden, um die Zeit totzuschlagen. Das Knüpfen von Knoten war ein idealer Zeitvertreib.

Material gab es in Hülle und Fülle. Segelschiffe hatten kilometerlanges Tauwerk an Bord. Außerdem fehlte es nie an kaputten Seilen zum Knüpfen von Knoten und dünnen Schnüren sowie Zwirn für feineres Flechtwerk. In ihrer Freizeit entwickelten die Seeleute Knoten, die Schönheit und Zweckmäßigkeit vereinten.

Mit Hilfe des Taljereepsknotens (Seite 19) sicherte man Gegenstände, die in die Höhe gezogen werden mußten. Das Taljereep wurde um Genick, Schulter oder Armgelenk gelegt oder am Gürtel befestigt, so daß der Matrose mit beiden Händen arbeiten konnte, ohne dabei Gefahr zu laufen, daß unersetzliches Gut über Bord ging. Es gab viele verschiedene Methoden zum Knüpfen dieser Mehr-Strang-Verdickungsknoten, so daß jeder Seemann seinen Habseligkeiten seinen eigenen Stempel aufdrücken konnte. Dieser kreative Einfallsreichtum findet seinen Niederschlag auch in der Kombination verschiedener Knoten zur Herstellung von Fischernetzen oder Hängematten sowie für komplizierte Leiterkonstruktionen (Seite 130), die aus einem einzigen Stück Seil hergestellt wurden.

Flachknoten (Seite 115) waren bei der Herstellung der an Bord allgegenwärtigen Matten von Bedeutung. Matten verhinderten das Scheuern und Rutschen und wurden an Deck sowie Gangways festgenagelt. An den Seiten kleinerer Boote befestigt dienten sie als Puffer, Reling und Spieren. Trotz größter praktischer Bedeutung und Zweckmäßigkeit zeichneten sich diese Matten häufig durch kunstvolle Muster und elegante Knüpftechniken aus. Die Matrosen versuchten sich beim Binden ihrer Knoten zu übertreffen, und jeder wachte eifersüchtig über seine ureigenen Methoden und Techniken. Die Seeleute gaben ihren Knoten auch anschauliche Namen, die heute noch gebräuchlich sind. Beispiele sind Türkischer Bund (Seite 89) und Affenfaust (Seite 79).

Der schlauchförmige Türkische Bund vereint ein dekoratives Erscheinungsbild mit vielen praktischen Anwendungen. Er wird um einen zylinderför-
migen Gegenstand gebunden und als Fußstütze bei Leitern, als Griff bei
Rettungsleinen, Geländern, Rudern und Angelruten sowie als Handschutz
und Sicherung verwendet. Der Knoten ist jedoch so dekorativ, daß er
damals wie heute auch bei der Herstellung von Armbändern, Fußketten,
Ringen und Serviettenhaltern Einsatz fand.

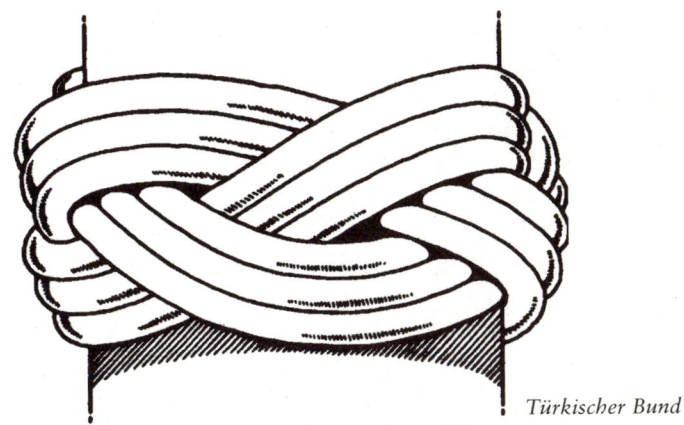

Türkischer Bund

Die Affenfaust bekam ihren anschaulichen Namen von ihrer Form. Ober-
flächlich betrachtet ähnelt sie dem Türkischen Bund, doch wird sie um
eine kleine, schwere Kugel geknüpft, um das Gewicht einer Hievleine zu
tragen. Dieser Knoten eignet sich zum Beziehen vieler kleiner Gegenstände.
Die Verwendungsmöglichkeiten reichen von Briefbeschwerern und Spazier-
stockgriffen bis zu Türklinken.
Die Matrosen verbrachten ihre Zeit auch mit dem Flechten von Seilen. Das
Ergebnis dieser Arbeit bezeichnet man als Platting (Seite 99). An Bord gab
es zahlreiche Verwendungen für Plattings. Als Takling und Riemen verhin-
derten sie das Schamfilen aufeinanderliegender Oberflächen, boten Halt
und trotzten der Abnutzung. Da das Flechtwerk ein recht weites Feld für
Variationen bot, haben Plattings oft einen außergewöhnlich dekorativen
Charakter.
Mitte des neunzehnten Jahrhunderts endeten die großen Tage der Segelschiffe. Schnelle Klipper und die Erfindung der Dampfschiffe hatten zur
Folge, daß den Seeleuten plötzlich weder Zeit noch Rohstoffe für das
Knüpfen von Knoten zur Verfügung standen. Diese Veränderungen waren
jedoch kein Todesurteil für die Knotenkunst, da sich ja nicht nur Matrosen
für ihre zweckmäßigen und dekorativen Eigenschaften interessierten.

Die Schiffer auf Kanälen und Flüssen knüpften ähnliche Knoten, die ihrem jeweiligen Stil und Zweck angepaßt waren. Doch auch andere Menschen, die mit Seilwerk arbeiteten und ausreichend Zeit hatten, wie Rigger und Kuhhirten, leisteten ihren Beitrag.

Das Binden schwieriger dekorativer Knoten war schon immer Teil der häuslichen Tätigkeit und Volkskunst. Knoten fanden beim Nähen von Kleidung und der Verzierung von Zubehör, Gürteln, Taschen und sogar Schmuck ihre Anwendung. Knoten dienten nicht nur der Verschönerung, sondern hatten auch einen praktischen Nutzen als Verschluß und Halter. Der klassische Knoten in dieser Kategorie war der Chinesische Knopfknoten (Seite 70). Er fand in ganz China vor allem bei Unter- und Nachtwäsche Anwendung und ersetzte Knöpfe aus Holz oder Knochen. Er wurde oft mit einer Art Flachknoten zu einem hübschen und außergewöhnlichen Schnurverschluß kombiniert.

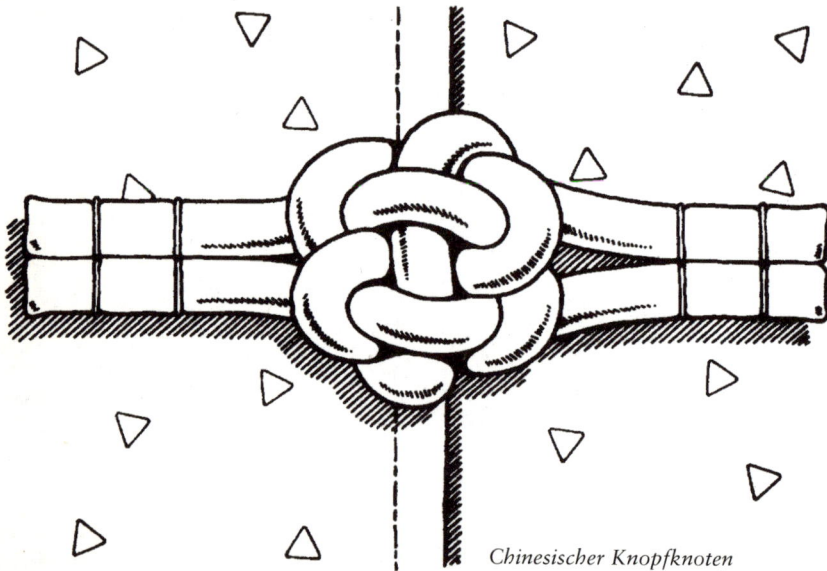

Chinesischer Knopfknoten

Auch der Schleifenknoten (Seite 52) fand bei der Herstellung von Kleidungsstücken und Schmuck häufig Anwendung. Schleifen wurden oft aus Bändern geknüpft. Sie verdanken ihre Beliebtheit dem Material sowie den für diese Knoten typischen Schlaufen und losen Enden.

Plattings, Flachmatten und alle möglichen Zierknoten fanden in der Mode sowie bei Bekleidung und Haartracht reichlich Anwendung.

Gegenwart

Schmuckknoten sind heute so beliebt wie früher. Die Segler und Bootsbesitzer unserer Tage gehen kaum noch in voller Takelage auf See. Doch sie verwenden die gleichen Knoten wie zu der Zeit, als die Schiffe noch unter Segel standen. Die in der Vergangenheit entwickelten Knoten haben sich nicht auf Grund ihrer Zweckmäßigkeit, sondern auch durch ihren Schmuckcharakter bewährt. Ein aus Knoten gebildeter Bootsfender erfüllt zwar die gleiche Aufgabe wie ein alter Reifen, doch verleiht er dem Boot ein wesentlich ansprechenderes Erscheinungsbild. Türkische Bünde, Plattings und Taljereepsknoten haben ihren festen Platz auf modernen Booten. Hängematten und Strickleitern sind heute noch so wichtig wie damals. Schmuckknoten sind nicht nur wegen ihrer Zweckmäßigkeit gefragt, sondern verschönern das Äußere eines jeden Schiffs.

Bootsmannspfeife-Knoten

Auch Menschen, die ihre Freizeit gerne draußen verbringen, haben viele Verwendungsmöglichkeiten für Schmuckknoten. Taljereepsknoten sind beim Bergsteigen ebenso hilfreich wie bei der Schiffstakelage. Die Hände bleiben frei, ohne daß wichtige Ausrüstung oder notwendiges Material verloren gehen kann. Knoten, wie Türkischer Bund oder Affenfaust, bilden zweckmäßige Abdeckungen und Einfassungen, Plattings und Taljereepsknoten eignen sich zur Herstellung von Gürteln, festen, hübschen Griffen sowie Befestigungsriemen.

Schmuckknoten sind nicht nur im Freien zu finden. Sie haben auch im Kunstgewerbe ihren festen Platz und sind Bestandteil innenarchitektonischer Gestaltung geworden. Pflanzenhalter, Platzdeckchen und sogar Fußabstreifer und Bodenbeläge gehören zu den modernen Anwendungsbereichen der in diesem Buch beschriebenen Knoten. Viele der hier erklärten Knoten kommen bei häuslichen Arbeiten zum Einsatz, sei es beim Verpacken von Geschenken und Päckchen oder bei der Herstellung eines flugfähigen Drachens.

Zierknoten finden auch beim Schneidern sowie der Herstellung von Accessoires, wie Gürteln, Schlüsselanhängern und Haarschmuck, Anwendung. Wer Knoten knüpfen kann und ihre Anwendungsmöglichkeiten kennt, kann der eigenen Phantasie und Kreativität bei der Herstellung von Geschenken und Zubehör freien Lauf lassen. Vielen eröffnet sich auf diese Weise ein neues Steckenpferd.

Ein hübscher und praktischer Schlüsselanhänger, der aus einem Zweikardeeligen Matthew-Walker-Knoten geknüpft und mit einem doppelten Knopfknoten abgeschlossen wird.

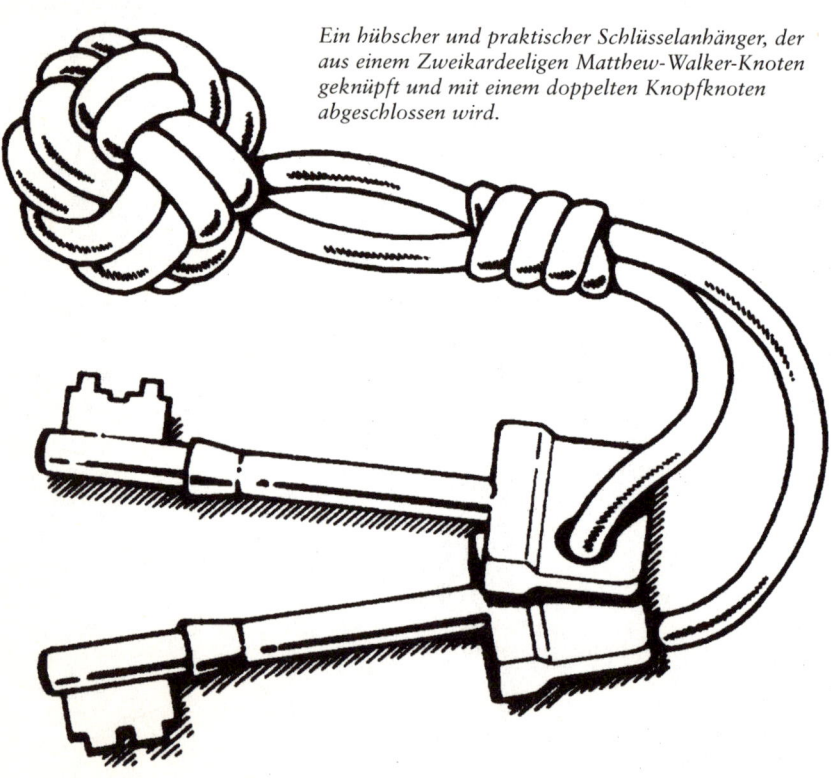

Material

Zierknoten lassen sich aus allen möglichen Materialien, von Seil und Leder bis zu menschlichem Haar, herstellen. Gewöhnlich findet jedoch Tauwerk unterschiedlicher Dicke, sowie Garn, Paspel, Schnur, Kordel, Faden und Zwirn (auch Bändselgut genannt) Verwendung. Bei Schmuckknoten kommen auch Materialien wie Zierbänder zum Einsatz, die man gewöhnlich nicht mit dem Knüpfen von Knoten in Verbindung bringt.

Seilwerk aus Naturfasern

Ursprünglich wurden Seile aus Pflanzenfasern hergestellt. Auf alten Segelschiffen wurde dieses Material dann auch zum Binden von Schmuckknoten verwendet. Die Matrosen benützten, was ihnen in die Finger kam. Am häufigsten waren Manila, Sisal Coir und Hanf. Flachs und Baumwolle wurden wegen ihrer hohen Qualität und Biegsamkeit sehr geschätzt. Doch diese Stoffe waren teuer und eher auf der Yacht eines reichen Mannes als auf einem gewöhnlichen Segelschiff zu finden.

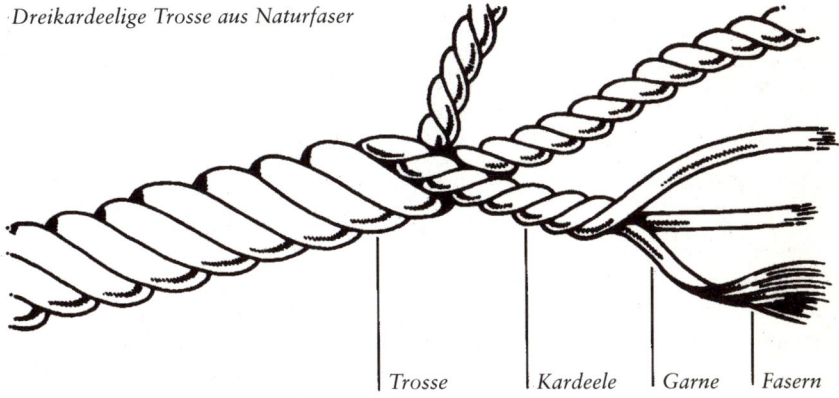

Dreikardeelige Trosse aus Naturfaser

| Trosse | Kardeele | Garne | Fasern |

Naturfasertrossen bestehen gewöhnlich aus drei rechts geschlagenen Kardeelen, wobei die Naturfasern gegeneinander verwunden sind. Die Fasern werden zuerst zu Garn, dann zu Kardeelen und schließlich zu Trossen geschlagen. Die Seeleute mußten oft kaputtes Seilwerk unterschiedlicher Länge für ihre Knotenarbeit verwenden. Sie lösten das geschlagene Tau vorsichtig auf und verarbeiteten es dann auf die gewünschte Länge.

Für Gebrauchsknoten verwendet man heute kaum noch Naturfasern. Doch bei der Herstellung von Schmuckknoten bevorzugen viele Leute die natürlichen Farben und Eigenschaften von Pflanzenfasern. Die feinsten Naturfasern sind Baumwolle, Leinen und Seide.

Synthetikseile

Synthetische Materialien haben die Naturfasern bei der Herstellung von Seilwerk fast völlig verdrängt. Kunstfäden können auf die erforderliche Länge gesponnen werden, haben eine einheitliche Stärke und müssen nicht gewunden werden, um den Verbund der einzelnen Fasern zu gewährleisten. Dies verleiht ihnen unübertroffene Festigkeit.

Nylon wurde gegen Ende des Zweiten Weltkriegs entwickelt und ist die erste Kunstfaser, die bei der Seilherstellung Verwendung fand. Seither wurden verschiedene Synthetikseile für unterschiedliche Zwecke entwickelt. Doch allen sind bestimmte Eigenschaften gemein. Sie sind allesamt leichter, fester und billiger als ihre natürlichen Verwandten. Da sie in verschiedenen Farben hergestellt werden können, sind sie für das Knüpfen von Schmuckknoten besonders geeignet.

Nylonfasern (Polyamid) verleihen einem Seil Festigkeit und Elastizität. Sie werden auch als Angelleinen verwendet, wo Stabilität, Flexibilität und gute Knoteneigenschaften gefragt sind.

Polyesterseile sind fast so stark wie Nylonprodukte und dehnen sich nur geringfügig. Beim Segeln werden sie häufig für Schoten und Falleinen eingesetzt. Polyester wird auch als Taklingmaterial verwendet.

Polypropylen ist nicht so fest wie Nylon oder Polyester, aber es eignet sich für gute, preiswerte Mehrzweckseile.

Andere Arten von Synthetikseilen werden geflochten. Hierbei gibt es zwei Möglichkeiten: Entweder man stellt ein Flechtwerk aus vier oder acht festen Kardeelen her; oder das Seil besteht aus einer Außenhülle, bei der 16 oder mehr Kardeele ein Kernstück (Seele genannt) umgeben, das entweder geflochten und hohl ist oder aus festen, parallel verlaufenden oder leicht gedrehten Fäden besteht. Letztere Variante ist weicher und flexibler als die anderen beiden Arten.

Sowohl Naturfasern als auch Synthetikseile eignen sich für verschiedene Arten von Zierknoten. Tauwerk aus Naturfasern ist meist nur in Geschäften für Bootsbedarf oder Seilereien erhältlich. Synthetikseile gibt es in Läden für Zeltartikel, Bergsport und in vielen Heimwerkermärkten.

Bändselgut

Bändselgut, also Seilwerk mit weniger als 25 mm Umfang, wird für feine Arbeiten verwendet. In diese Kategorie fallen Kordel, Schnur, Faden, Zwirn und Garn. Auch sie werden aus Kunst- oder Naturfasern hergestellt und sind in Geschäften für Bastelbedarf, Campingausrüstung, Eisenwaren und Angelbedarf erhältlich. Faden und Garn können auch in Geschäften für Kurzwaren, Strick- und Schneiderbedarf erworben werden.

Bänder

Bänder verschiedener Breite eignen sich für Zierknoten. Sie sind in unterschiedlichen Farben in Geschäften für Näh-, Strick- und Bastelbedarf erhältlich.

Die Wahl des Materials

Die Wahl des Materials hängt vor allem von der Art des gewünschten Knotens, dem Verwendungszweck und der angestrebten Wirkung ab. Das Aussehen eines Knotens kann durch unterschiedliche Materialien eine verblüffende Änderung erfahren. So erzielt man mit Bändern einen völlig anderen Effekt als mit Seilwerk.

Schleife in einem Band

Schleife in einer Kordel

Versiegeln der Enden

Wenn die Enden des Knüpfmaterials versiegelt sind, erleichtert dies das Binden erheblich. Außerdem wirkt das Endprodukt auf diese Weise ordentlicher. Wenn man Synthetikseile beim Händler kauft, wird das Seil mit einem elektrisch erhitzten Messer auf die gewünschte Länge zugeschnitten. Dadurch wird das Ende versiegelt und zugespitzt. Wenn man Synthetikseile selbst abschneidet, sollte man ein scharfes Messer verwenden und das Ende mit dem Feuerzeug anschmelzen.

Naturfasern sollten fachgerecht versorgt werden, um ein Aufdröseln zu vermeiden. Die ordentlichste, sicherste und einfachste Methode ist das Anbringen eines Takling. Hierbei verwendet man am besten ebenfalls eine Naturfaser, die man immer in entgegengesetzter Richtung zum Schlag des Seils bindet. Allgemein gilt, daß die Länge des Takling dem Durchmesser des Seils entsprechen sollte.

Schnell und wirkungsvoll kann man Enden auch mit einem gewöhnlichen Klebeband oder bei Bändselgut durch Anbringen eines einfachen Stopperknotens versiegeln.

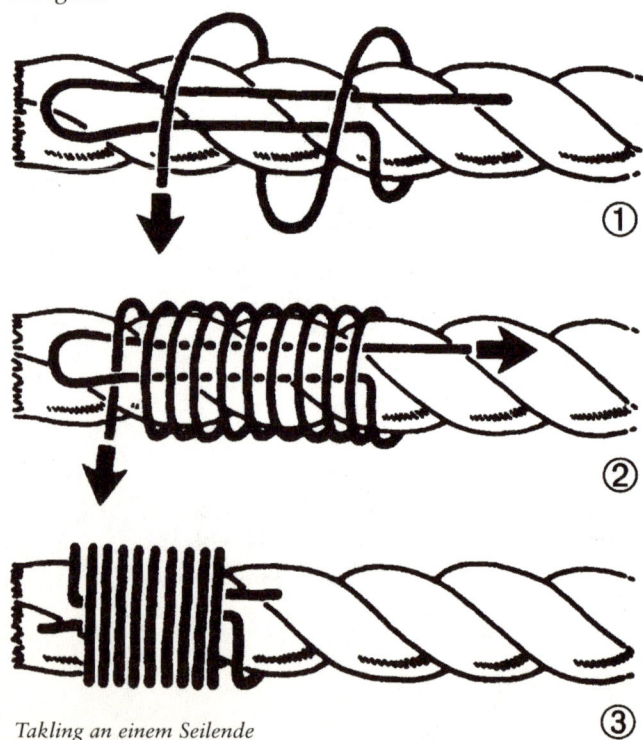

Takling an einem Seilende

Die Wahl des Knotens

Knoten werden nach Funktion, Zweck und dekorativer Wirkung ausgewählt. In diesem Buch werden 50 der bekanntesten und gebräuchlichsten Knoten dargestellt. Neben der Knüpfmethode werden auch Verwendungsmöglichkeiten und Funktionen erklärt. Das theoretische Wissen muß jedoch in der Praxis Anwendung finden. Jede Fertigkeit erfordert Übung, und das Knüpfen von Knoten bildet hier keine Ausnahme. Der Anfänger sollte nicht enttäuscht sein, wenn er anfangs an einem komplizierten Knoten scheitert. Doch um Frustrationen zu vermeiden, sollte man mit einfacheren Knoten beginnen und sich langsam an schwierigere herantasten.

Ein locker geknüpfter Chinesischer Knopfknoten (links) und die endgültige, festgezogene Fassung (rechts).

Ein komplizierter Knoten sollte niemals in einem einzigen Arbeitsgang ausgebildet oder mit einem einzigen Ruck festgezogen werden. Er wird locker geknüpft und dann langsam dichtgeholt, bis er seine endgültige Form angenommen hat. Überschüssige Längen werden langsam und gleichmäßig herausgearbeitet. Bei Schmuckknoten ist dieses Vorgehen so wichtig wie korrektes Knüpfen und erfordert Geduld sowie Übung.

EINFÜHRUNG

Zum Gebrauch dieses Buches

Die Abbildungen, die die Beschreibungen der Knoten begleiten, sind auch ohne Erklärungen verständlich. Schwierigere Knoten werden von einer schriftlichen Anleitung, besonderen Knüpftechniken und -methoden begleitet. Die Pfeile zeigen die Richtungen, in die das lose Ende eines Seils oder einer Schnur geschoben oder gezogen wird. Die gepunkteten Linien zeigen die Zwischenstellungen des Seils an. Die Reihenfolge der dargestellten Abläufe muß befolgt werden. Eine Änderung dieser Reihenfolge kann zu einem völlig anderen Knoten führen.

Seilteile

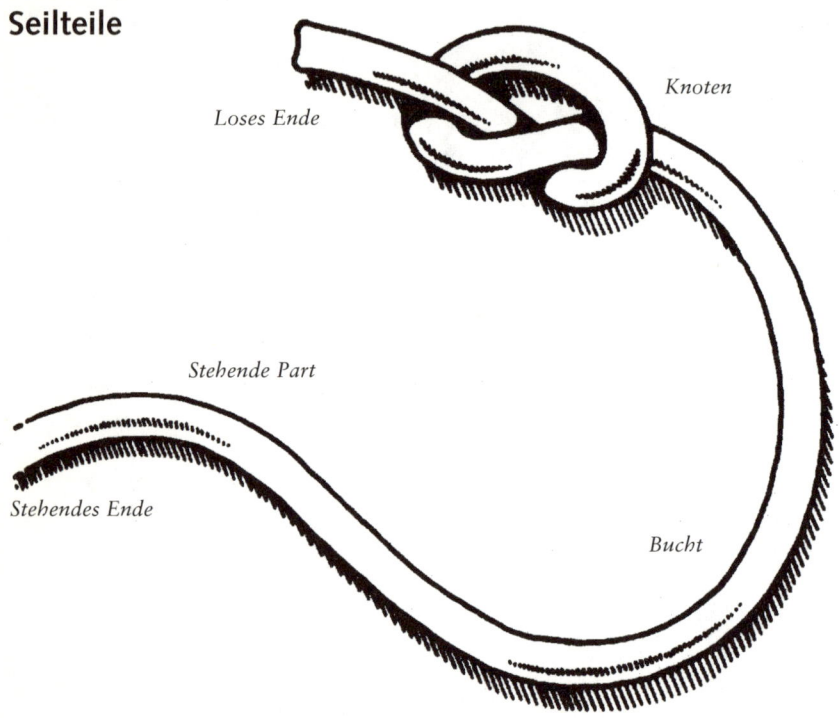

Knoten

Loses Ende

Stehende Part

Stehendes Ende

Bucht

Hinweis

Schuhbänder, deren Enden mit Metall oder Plastik überzogen sind, eignen sich bestens zum Üben von Knoten. Sie sind in verschiedenen Farben und Längen erhältlich.

Taljereepsknoten

Ein Taljereep wird meist um den Hals oder am Gürtel getragen und dient als Halterung für verschiedene Gegenstände, wie Messer, Pfeifen, Uhren und Ferngläser. Da Seil oder Schnur sichtbar sind, wird das Taljereep häufig mit ansprechenden Knoten oder Plattings (Seite 99) verziert.
Die in diesem Kapitel beschriebenen Taljereepsknoten werden in zwei Gruppen unterteilt: einkardeelige und zweikardeelige Knoten.

Doppelter Bordmesser-Bändselknoten

Mehrfach-Überhandknoten

Dieser Knoten, der in einer einfacheren Form auch als Blutknoten bekannt ist, kann mit einer beliebigen Anzahl von Törns geknüpft werden. Ein kleiner Knoten mit vier Törns (siehe Abbildung) wird vorsichtig dichtgeholt, wobei man den Knoten offen und locker läßt und die beiden Enden gleichzeitig zusammenzieht. Es ist hilfreich, die beiden Enden beim Zusammenziehen in entgegengesetzte Richtungen zu drehen. Größere Knoten muß man langsam ausformen, bis der Knoten seine endgültige Gestalt angenommen hat.

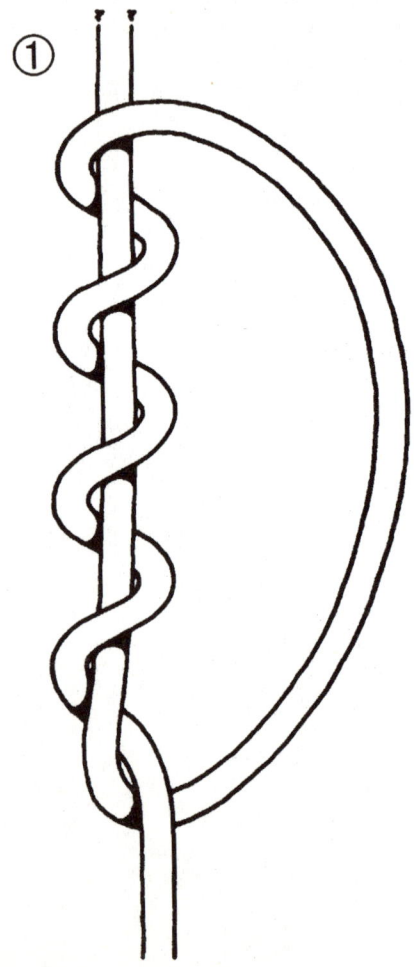

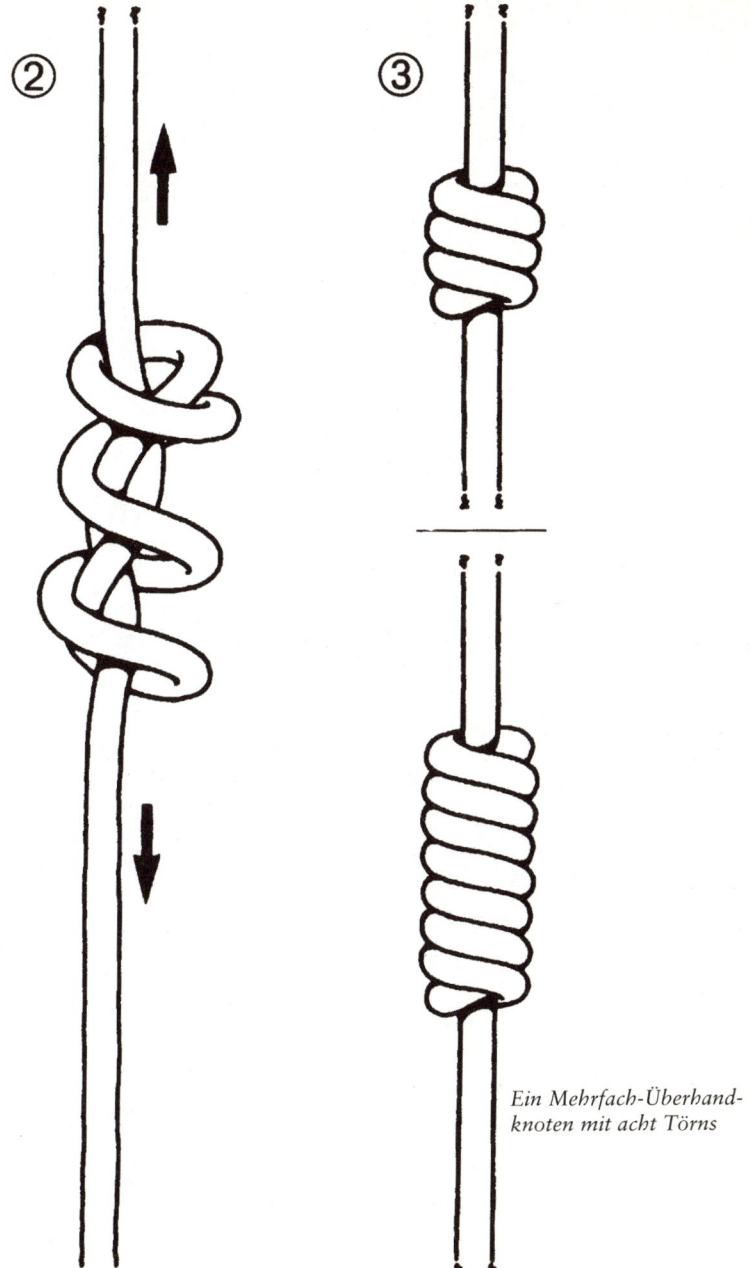

② ③

Ein Mehrfach-Überhand-
knoten mit acht Törns

Taljereepsknoten

Dies ist ein einfacher und wirkungsvoller einkardeeliger Knoten auf der Grundlage eines Achtknotens. Er eignet sich besonders zur Verzierung kleiner Gegenstände und wird häufig aus einer Reihe von Knoten geknüpft. Er vereint dekoratives Aussehen mit zweckdienlichen Eigenschaften und verhindert, daß einem Schnur oder Taljereep durch die Finger rutschen.

Wird der Knoten an dieser Stelle festgezogen, entsteht ein Acht-knoten, der häufig als Stopperknoten Verwendung findet.

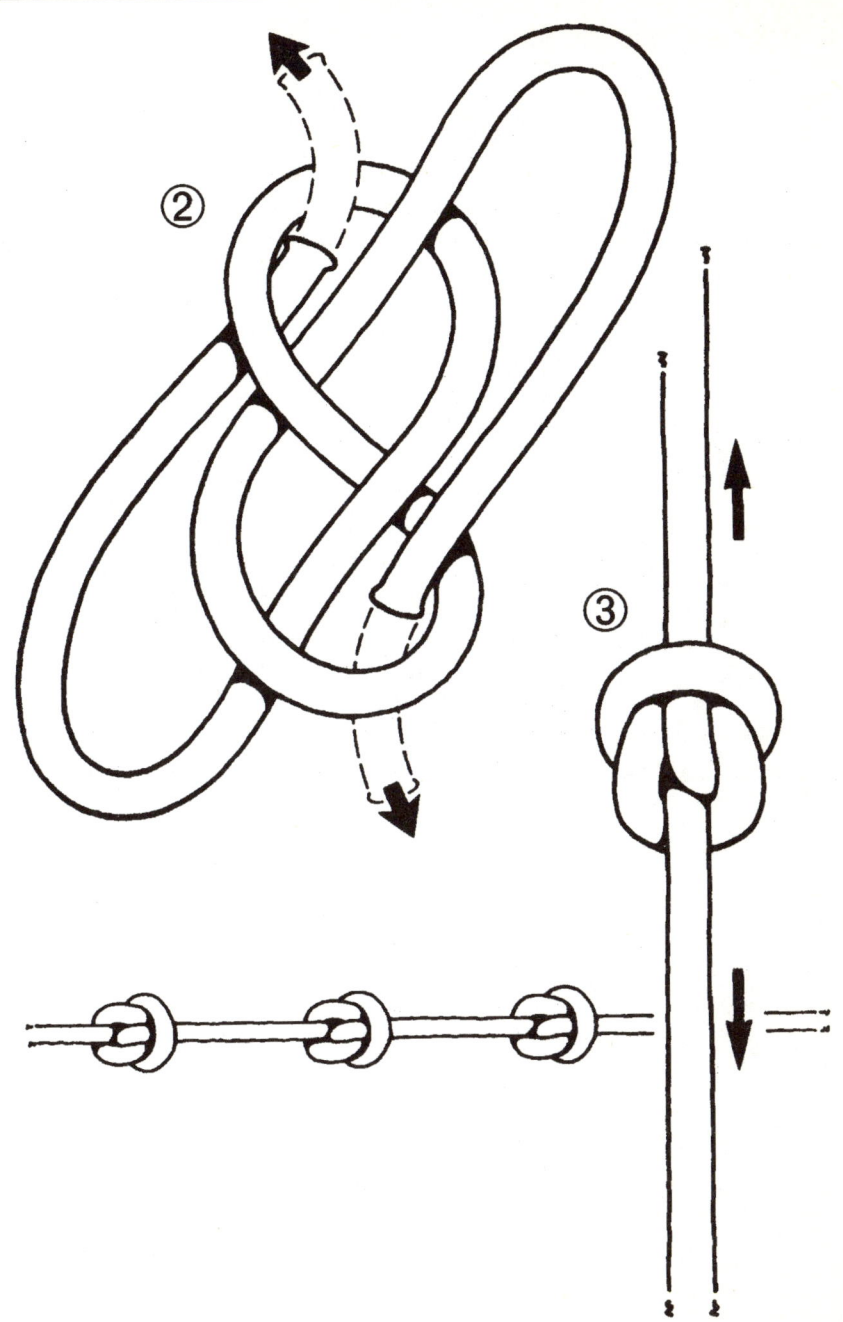

Vierfachknoten

Dieser einfache Knoten birgt ungeahnte Schwierigkeiten, wenn man die Anleitung nicht genau befolgt. Im ersten Arbeitsgang bildet man eine Reihe kleiner Törns aus. Im zweiten Schritt werden die Windungen ausgelegt. Vor dem Dichtholen des Knotens muß die lockere Schnur sorgfältig herausgearbeitet werden.

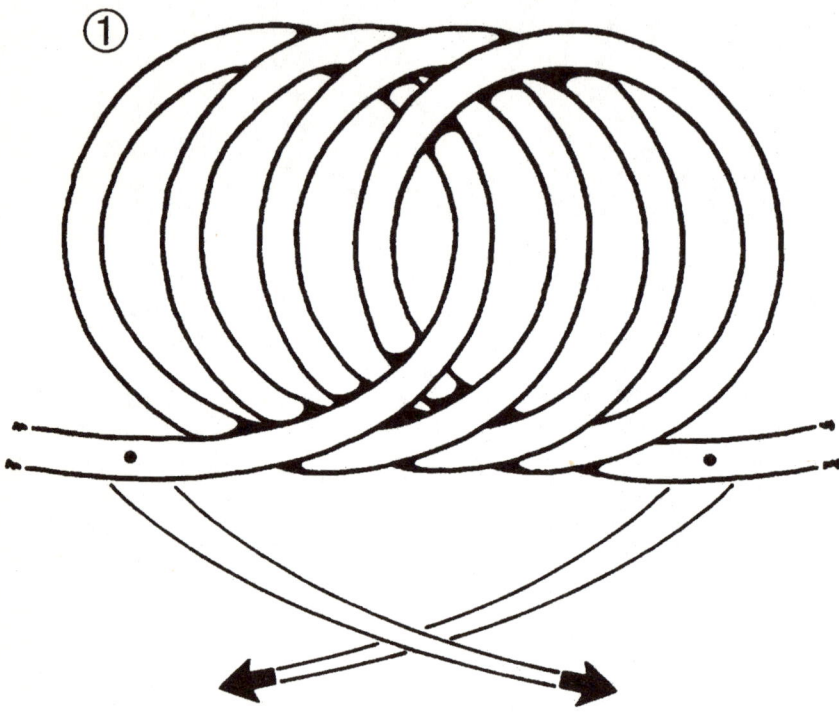

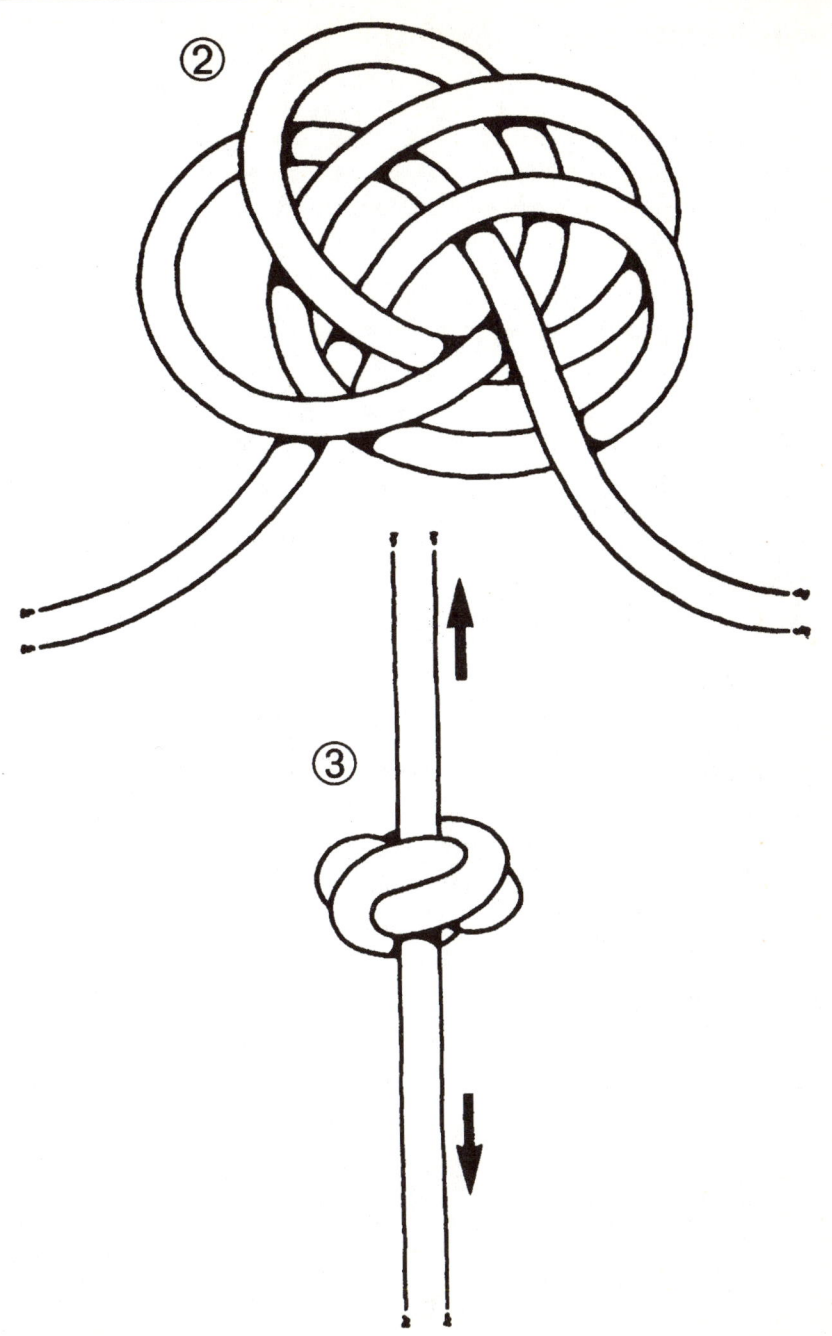

Fünfstrang-Flachplatting

Die Schnur auslegen (Schritt 1). Das linke äußere Kardeel umschlagen und
über die Mitte nehmen. Mit dem neu entstandenen linken äußeren Kardeel
ebenso vorgehen (Schritt 2). Das äußere rechte Kardeel durch die Mitte
nach unten stecken, die lockere Schnur langsam herausarbeiten und dichtholen (Schritt 3).

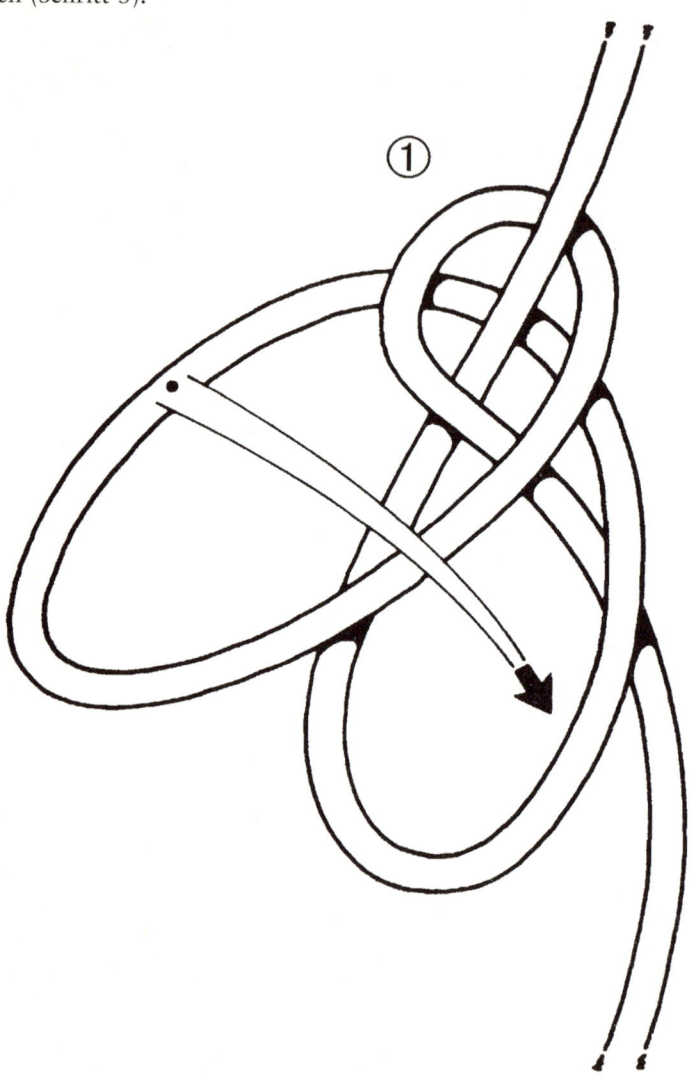

② ③

Flechtknoten mit zwei Törns

Dieser Knoten auf der Grundlage des Überhandknotens (Schritt 1) wird geknüpft, indem man das linke äußere Kardeel umschlägt und das rechte Kardeel durch die Mitte nach unten steckt (Schritt 2). Dann setzt man den Flechtvorgang abwechselnd fort (Schritt 3). Zum Schluß wird die lockere Schnur allmählich herausgearbeitet und der Knoten dichtgeholt (Schritt 4).

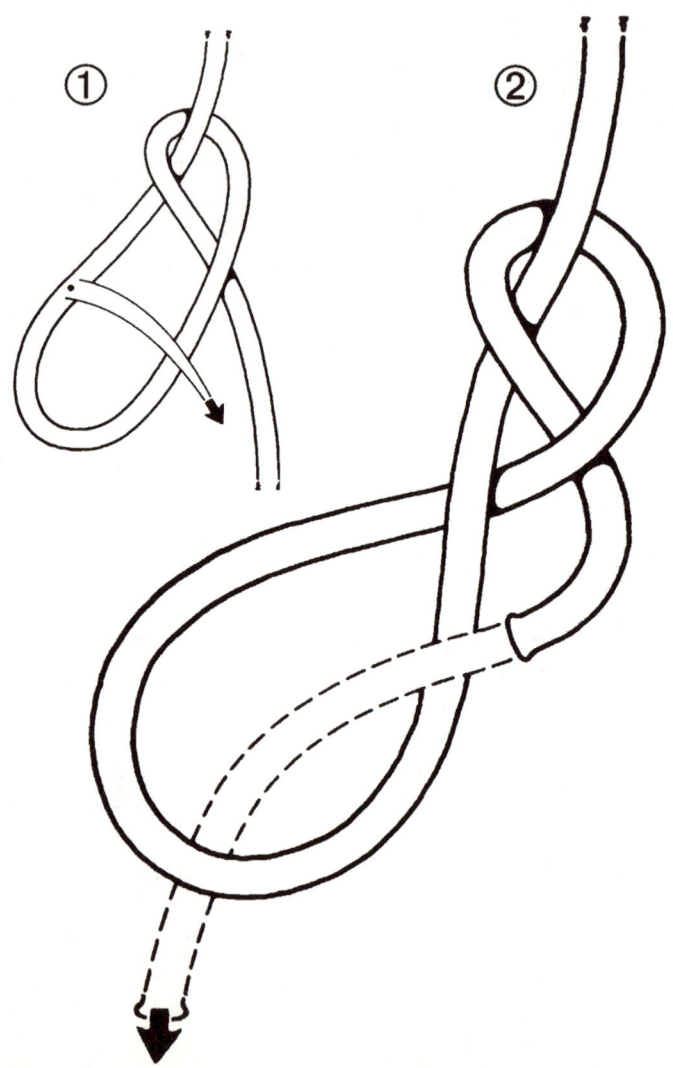

③ ④

Kronenknoten mit einzelnen Schlaufen

Wenn dieser Knoten festgezogen ist, liegen zwei Einzelschlaufen im rechten
Winkel zur Schnur, so daß sich ein hübscher einkardeeliger Knoten ergibt.
Einfache Kronenknoten sind manchmal schwer zusammenzuhalten. Doch
wenn man bei Schritt 2 sorgsam vorgeht und den Knoten methodisch
zusammenzieht, während Krone und Schlaufen ausgebildet werden, entsteht ein fester, zweckdienlicher Knoten.

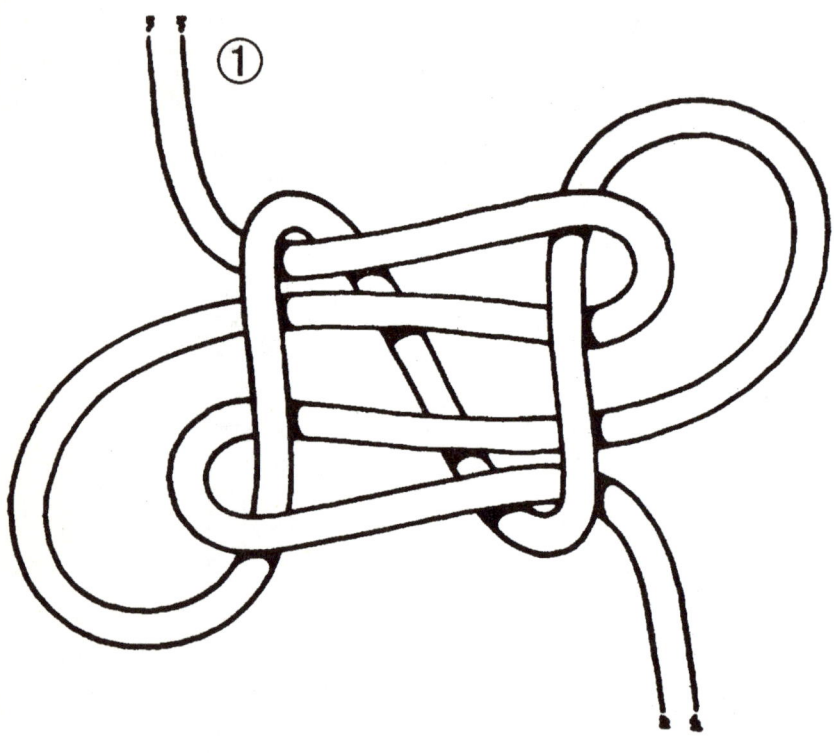

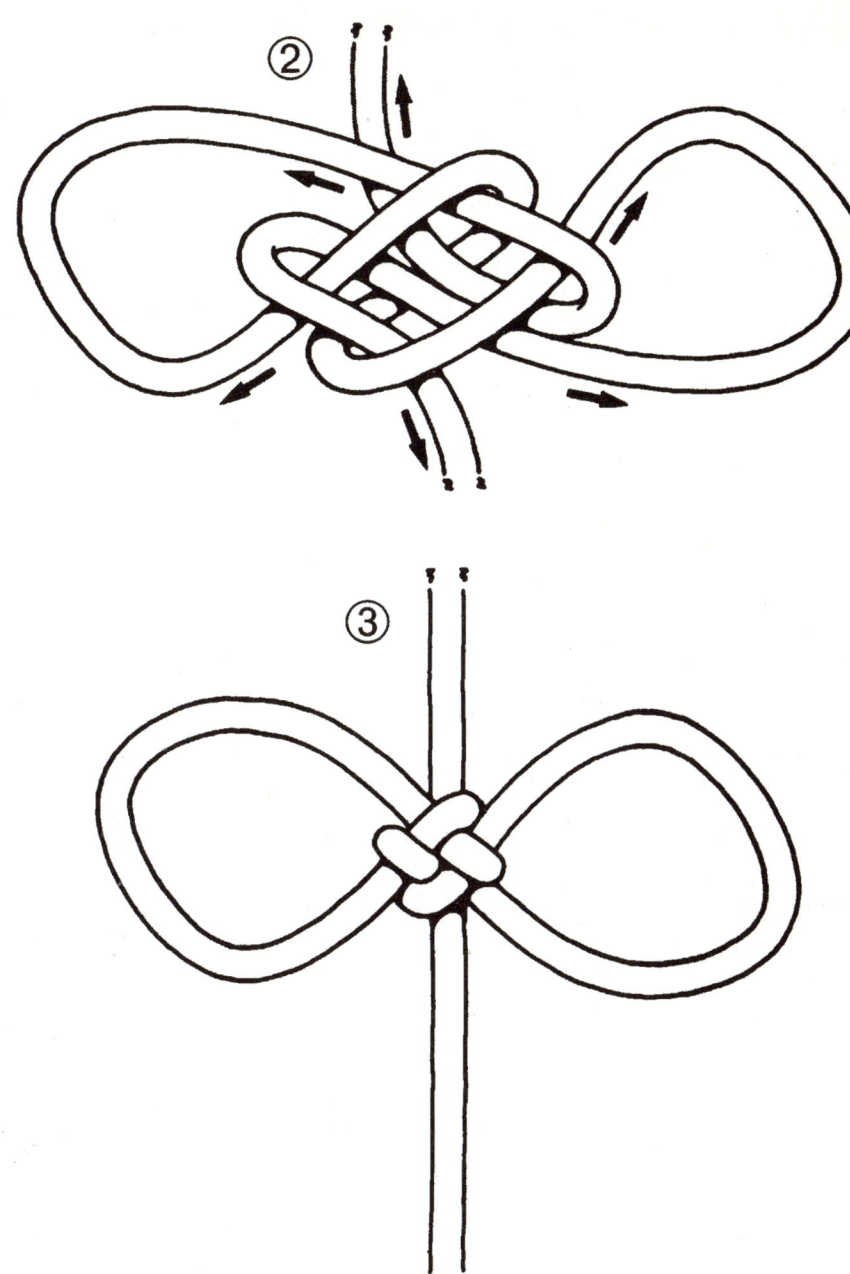

Einstrang-Taljereepsknoten

Dieser Knoten ähnelt dem Kronenknoten mit einzelnen Schlaufen (Seite 30). Doch bildet man in diesem Fall auf der Vorder- und Rückseite des Knotens eine Krone aus. Beim Dichtholen sollte man Sorgfalt walten lassen, um sicherzustellen, daß die Schlaufen gleich groß und die Knoten ausgeglichen sind.

①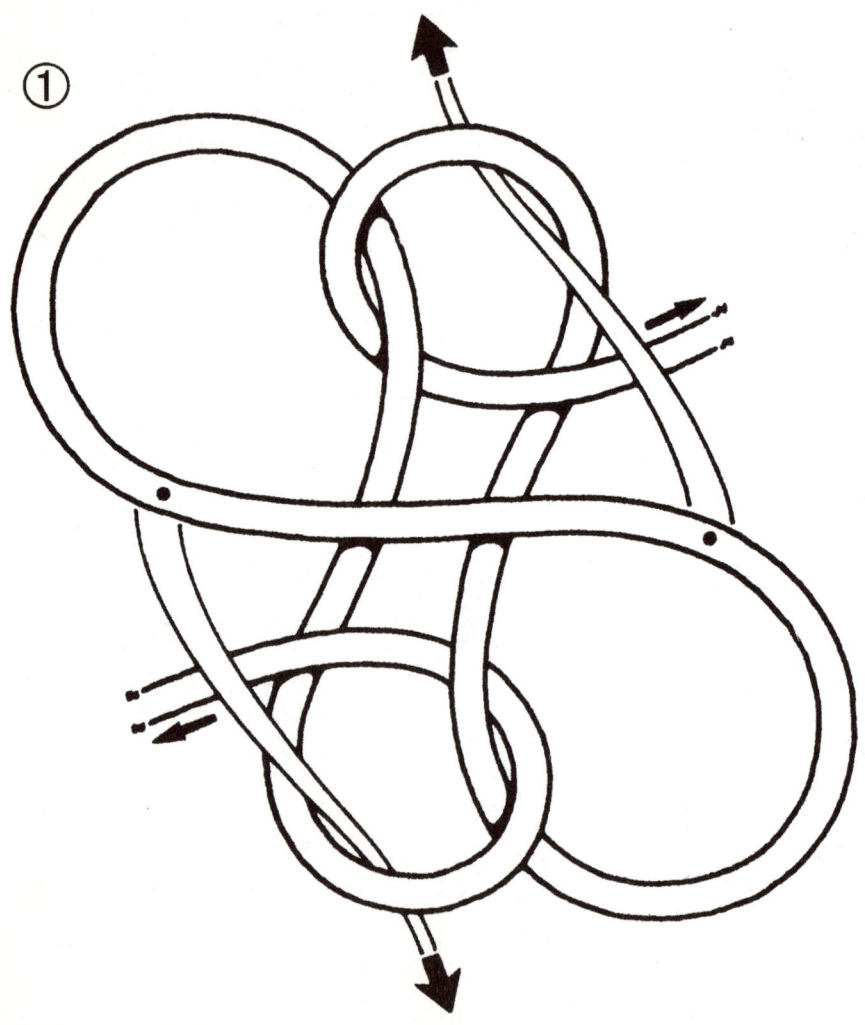

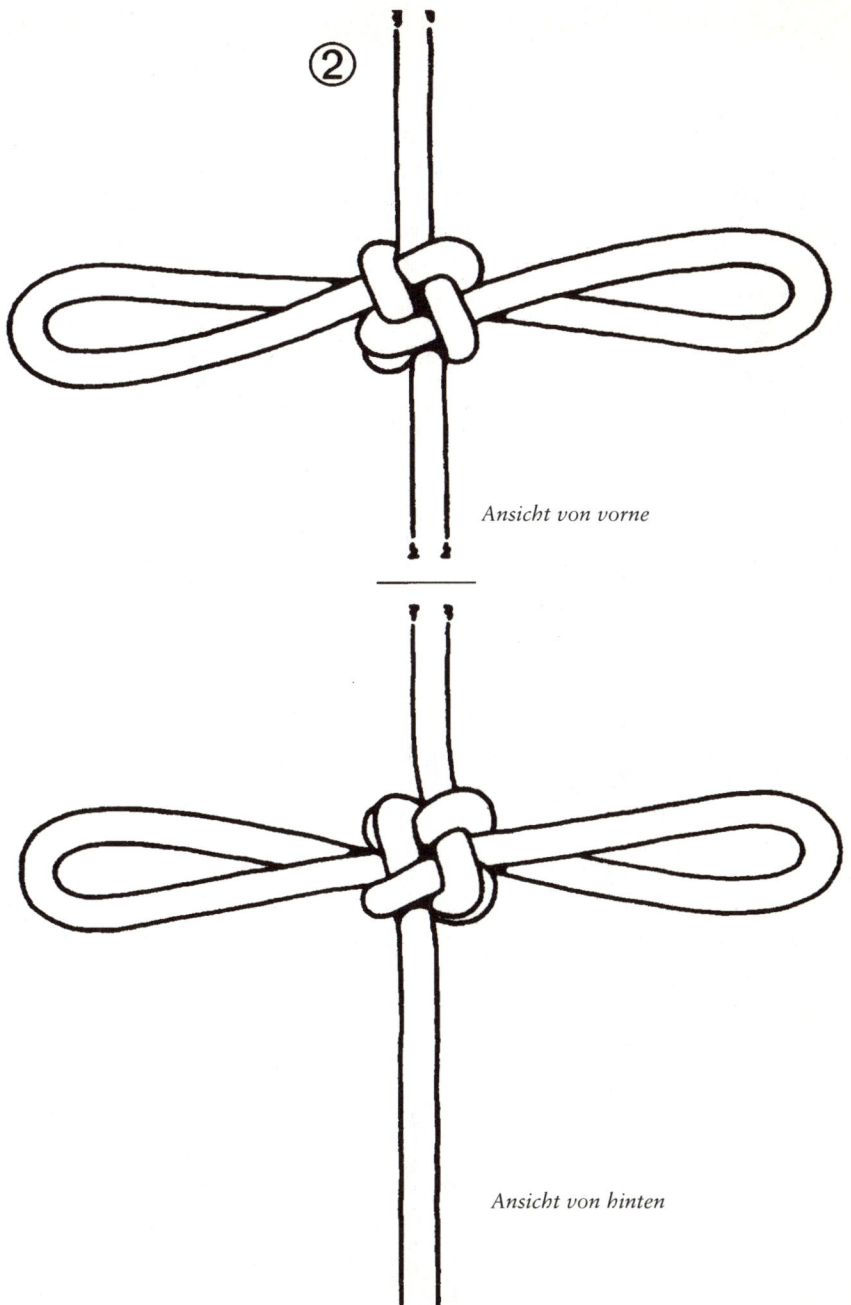

② Ansicht von vorne

Ansicht von hinten

Zweikardeeliger Matthew-Walker-Knoten

Die genaue Geschichte von Matthew Walker ist nicht bekannt. Er war angeblich ein Meisterrigger in der britischen Marinewerft Ende des 18. Jahrhunderts. Er gehört sicherlich zu den wenigen Menschen, die für ihre Knotenkunst berühmt sind. Den Matthew-Walker-Knoten gibt es in vielen Abwandlungen. Die hier abgebildete Variante ist ein einfacher, aber wirkungsvoller Taljereepsknoten, der leicht erweitert werden kann, indem man die Zahl der Törns erhöht.

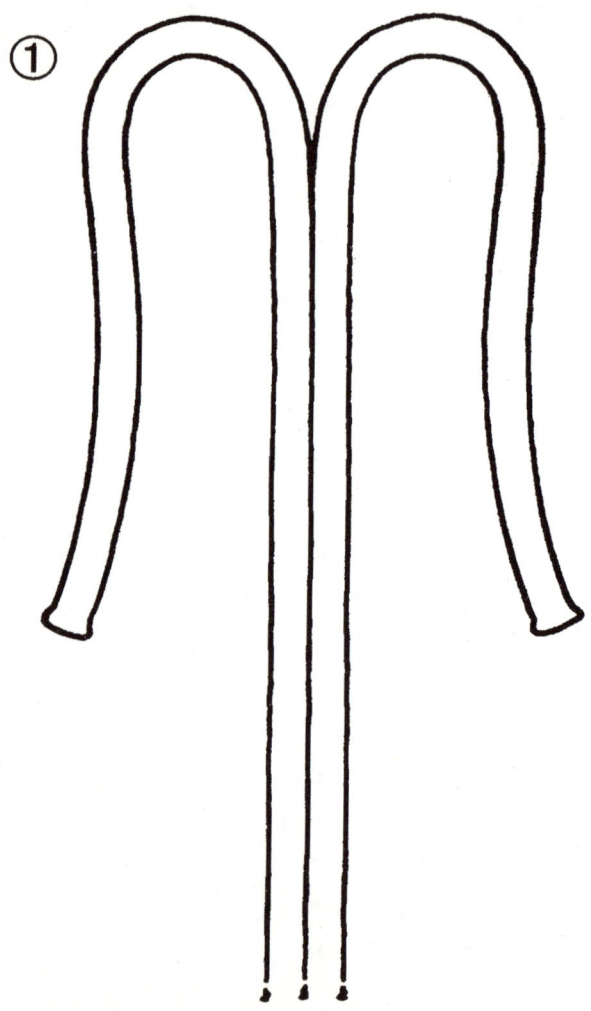

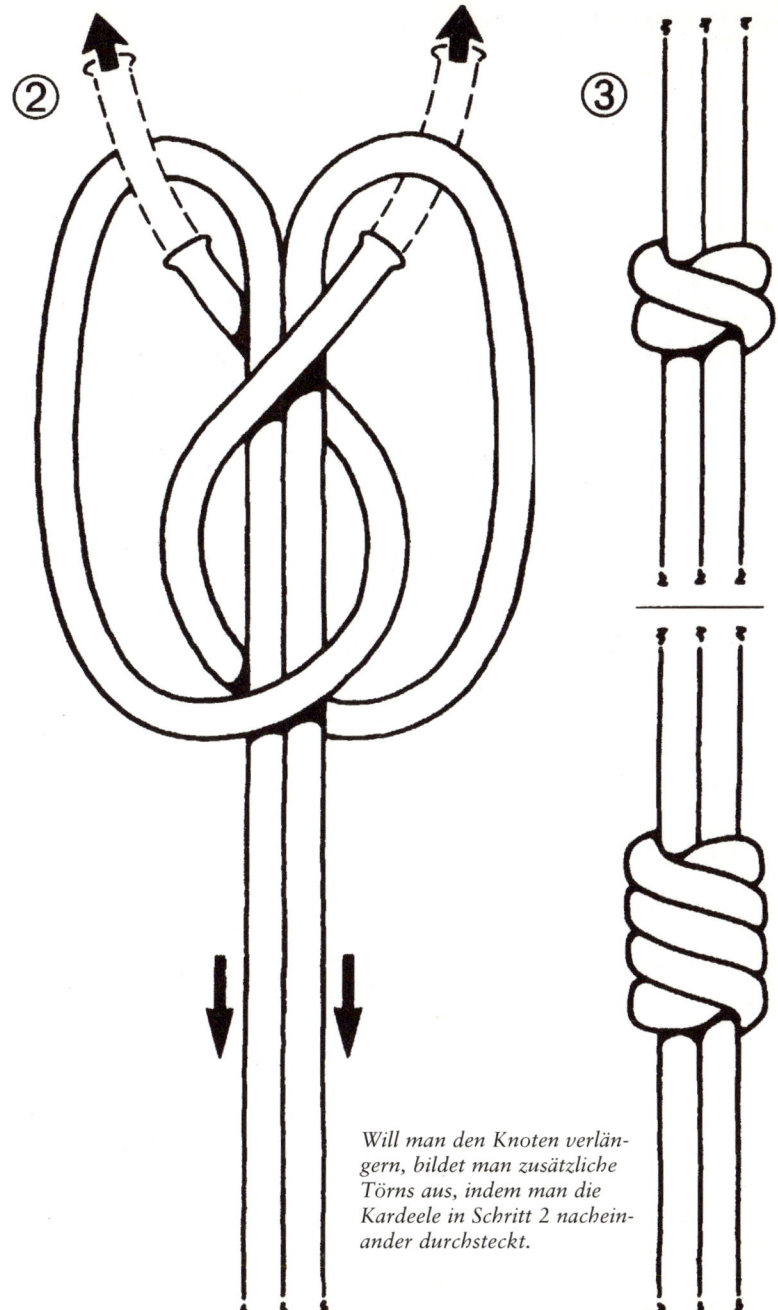

Will man den Knoten verlängern, bildet man zusätzliche Törns aus, indem man die Kardeele in Schritt 2 nacheinander durchsteckt.

Wantknoten

Sein ordentliches Erscheinungsbild sowie die einfache Knüpftechnik machen diesen Knoten zu einem beliebten Verdickungsknoten. Die Tatsache, daß dieser Knoten von beiden Seiten besehen eine identische Form aufweist, verleiht ihm zusätzlichen Reiz.

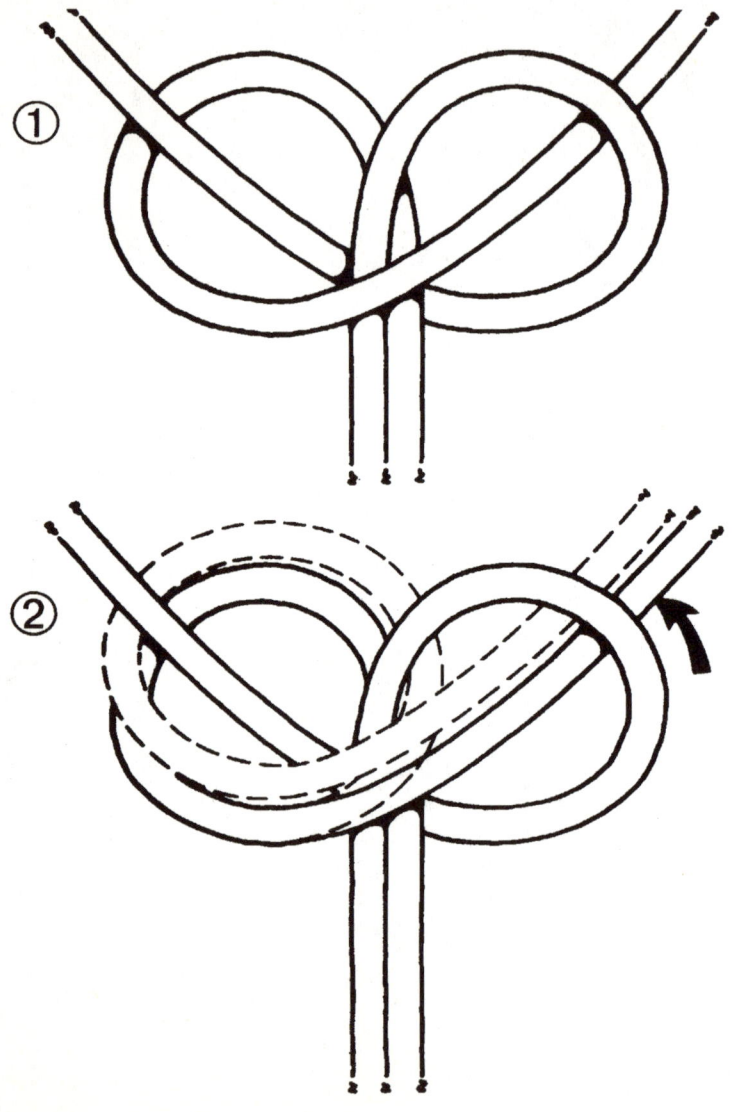

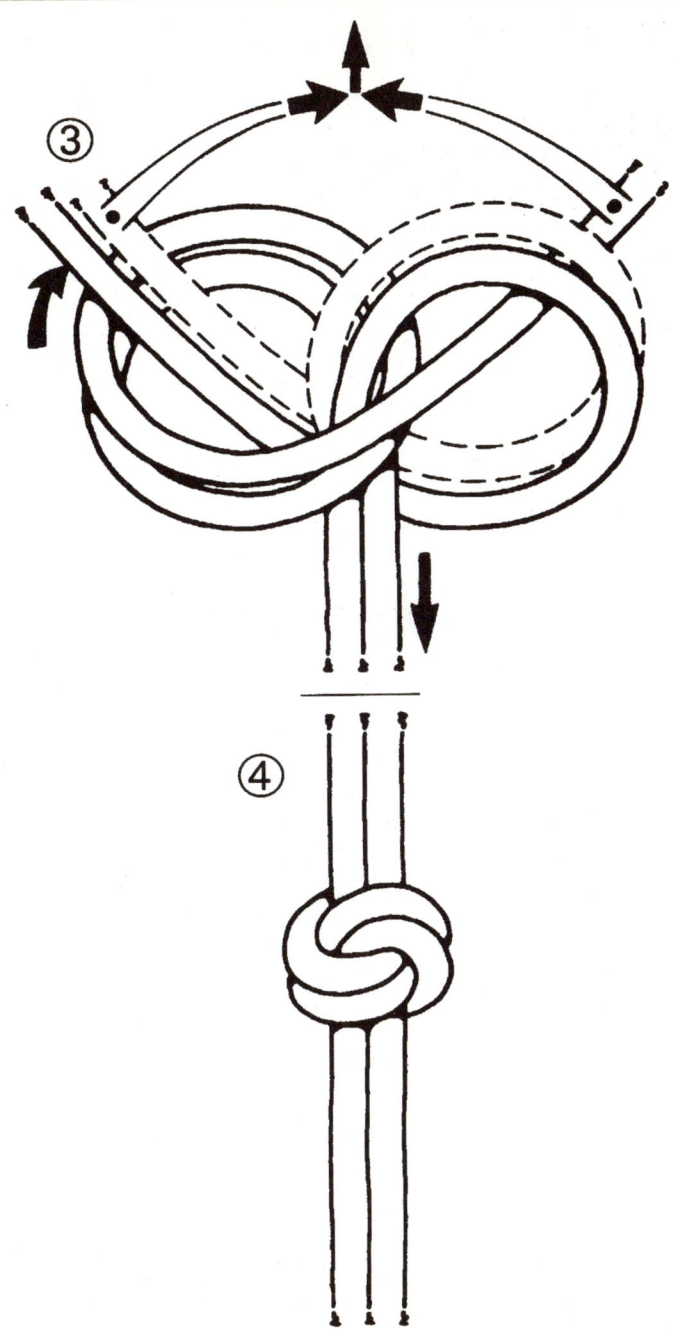

Zweikardeeliger Stopperknoten

Wie der Name schon sagt, kann dieser flache, breite und dekorative Taljereepsknoten auch als Stopperknoten dienen. Stopperknoten sind hilfreich,
wenn ein Gegenstand entlang eines bestimmten Abschnitts des Taljereeps
verschiebbar sein soll.

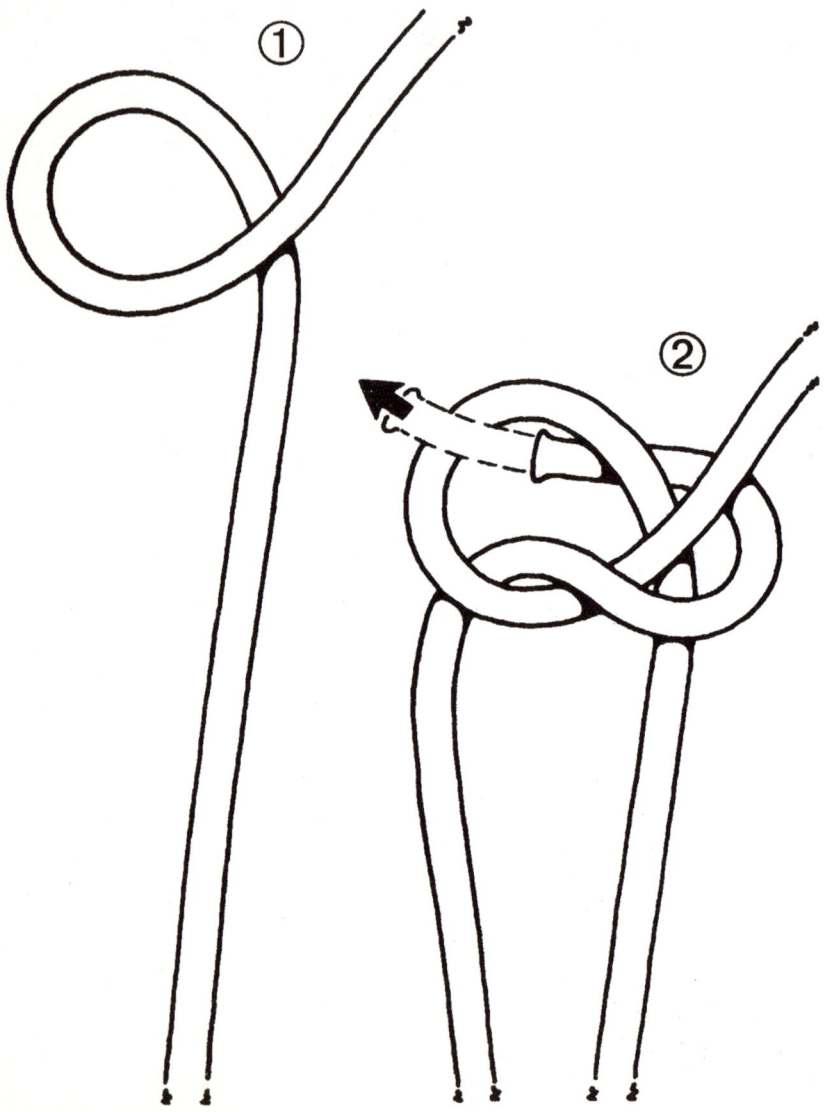

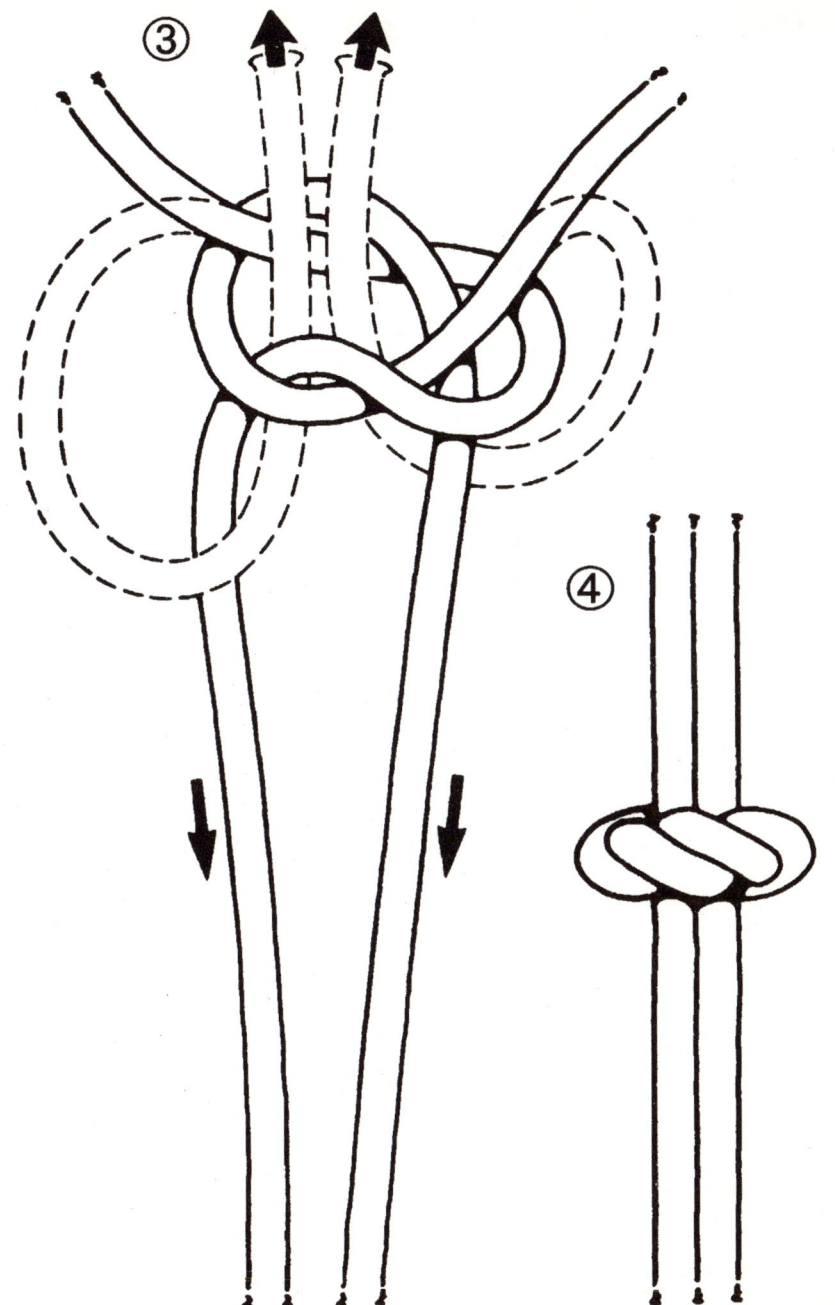

Flacher Taljereepsknoten

Dieser attraktive Knoten auf der Grundlage von zwei Überhandknoten ermöglicht die Trennung von zwei Taljereepsleinen. Um die typische symmetrische Form zu erhalten, muß der Knoten nach der Ausführung von Schritt 2 methodisch »zusammengearbeitet« werden.

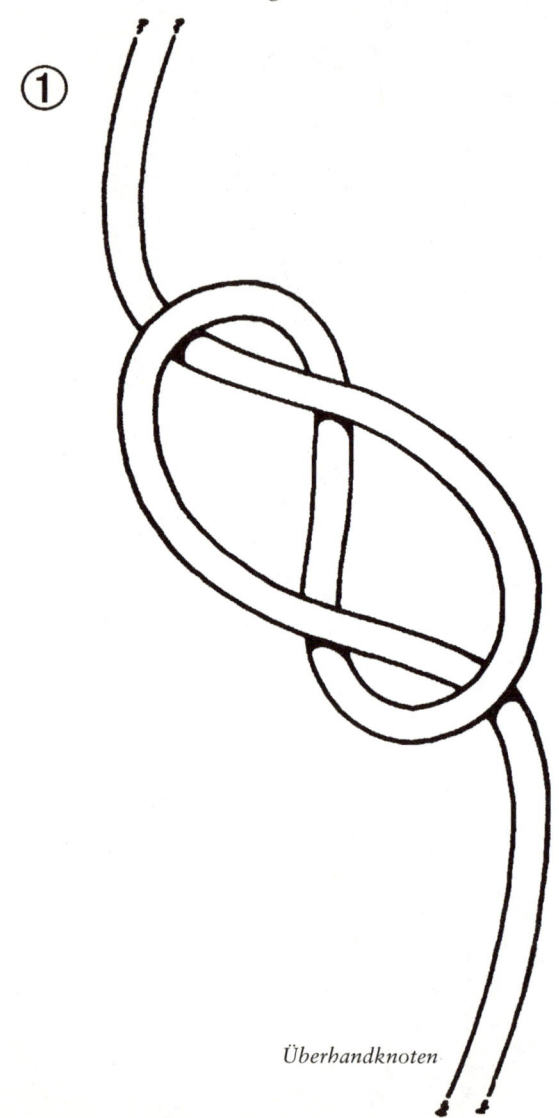

①

Überhandknoten

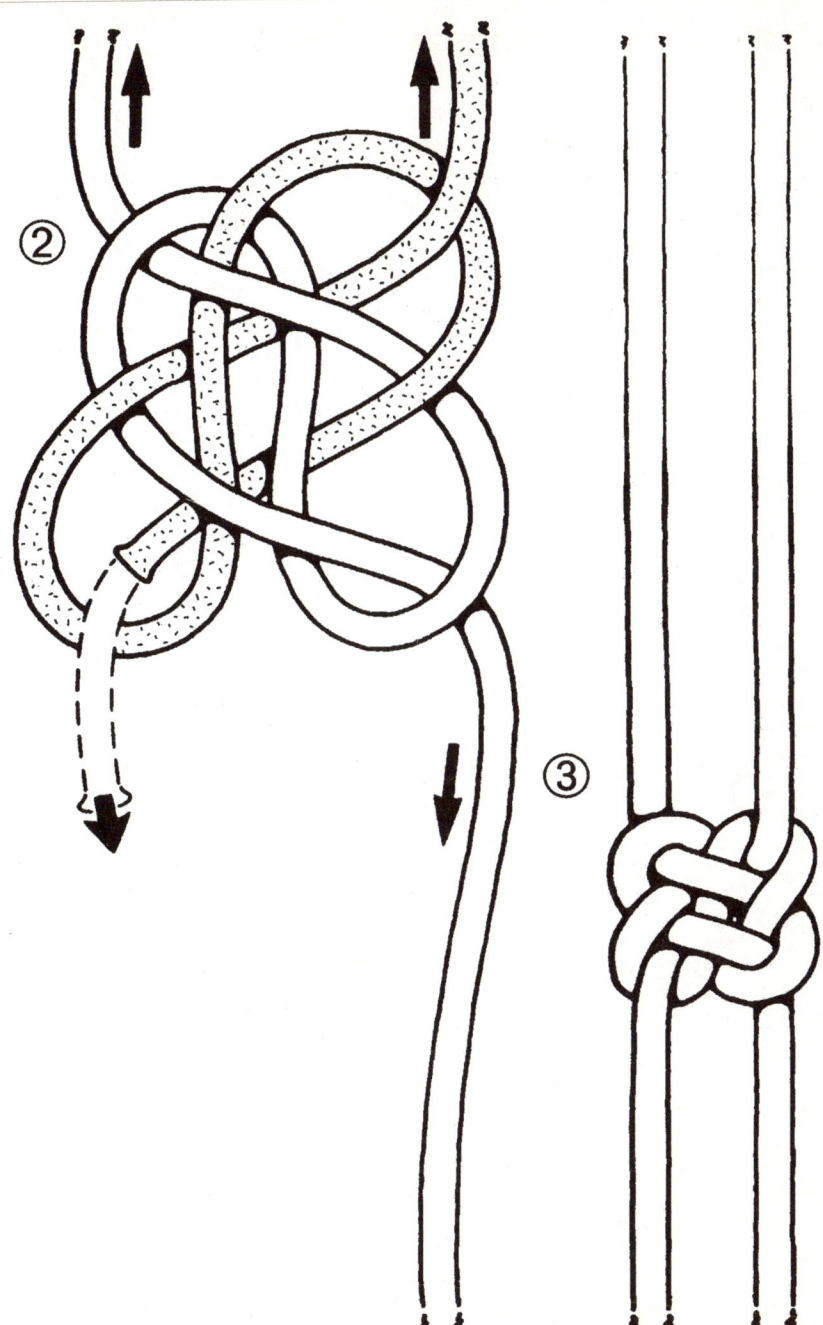

② ③

Chinesischer Schmetterlingsknoten

Dieser Knoten kann in vielen verschiedenen Größen und Formen ausgebildet werden. Die hier abgebildete Variante ist eher klein und wird als Verdickungsknoten geknüpft, so daß an allen vier Ecken eine Bucht entsteht. Um diesen Knoten erfolgreich zu binden, legt man die Schnüre auf einer ebenen Fläche aus (Schritte 1 & 2). Nach der Ausführung von Schritt 2 wird der Knoten in seine endgültige Form gebracht.

①

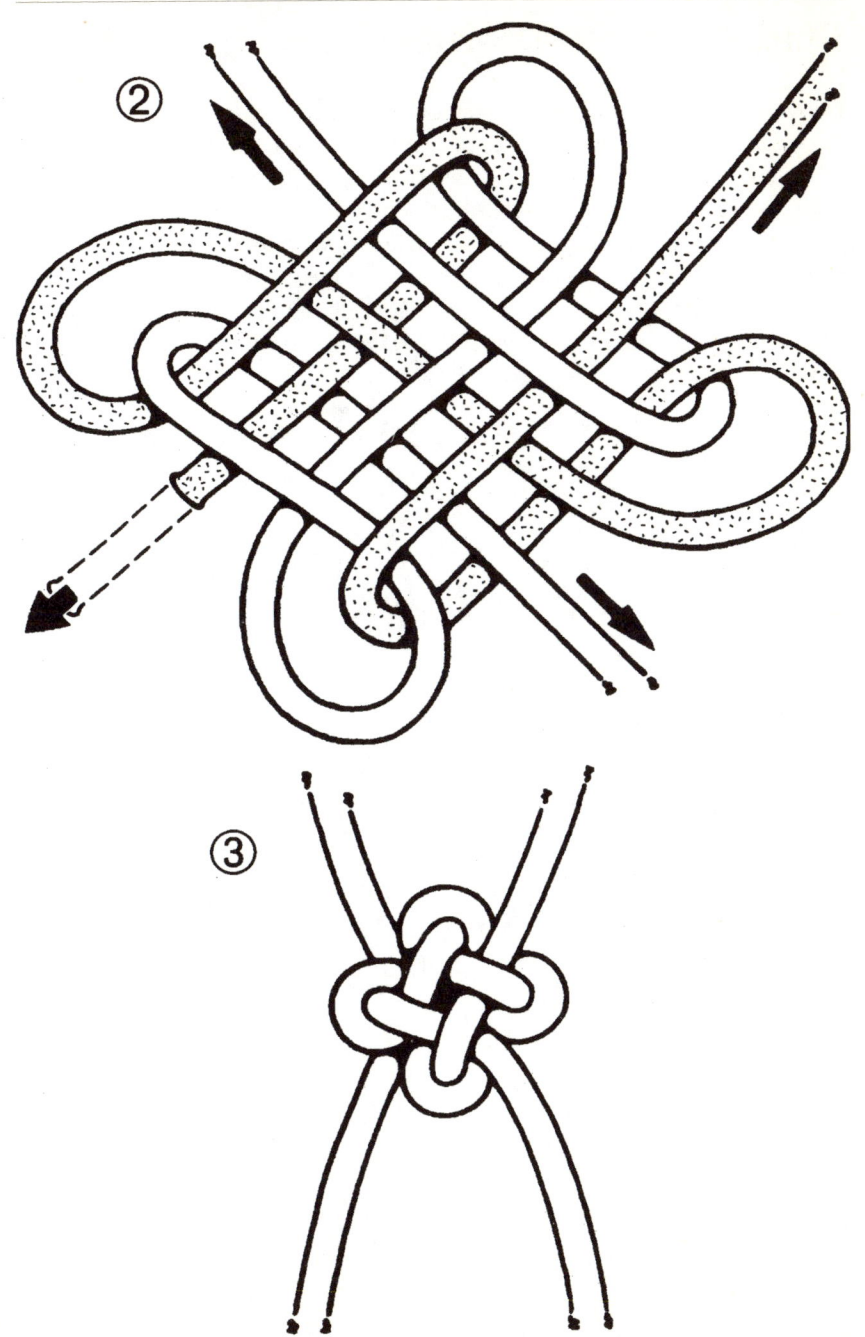

Bordmesser-Bändselknoten

Dies ist einer der ansprechendsten Verdickungsknoten und wird somit häufig verwendet. Er ist auch als Diamantknoten mit zwei Kardeelen oder Bootsmannspfeife-Knoten bekannt. Er eignet sich bestens zur Ausbildung einer Schlaufe am Ende des Taljereeps. Auf den ersten Blick wirkt dieser Knoten ziemlich schwierig. Wie bei vielen komplizierten Knoten mag der erste Versuch nicht sofort das gewünschte Ergebnis erzielen. Doch wenn man die schrittweise Anleitung geduldig befolgt und den Knoten sorgsam in seine endgültige Form bringt, wird man mit einem schönen und zweckmäßigen Knoten belohnt.

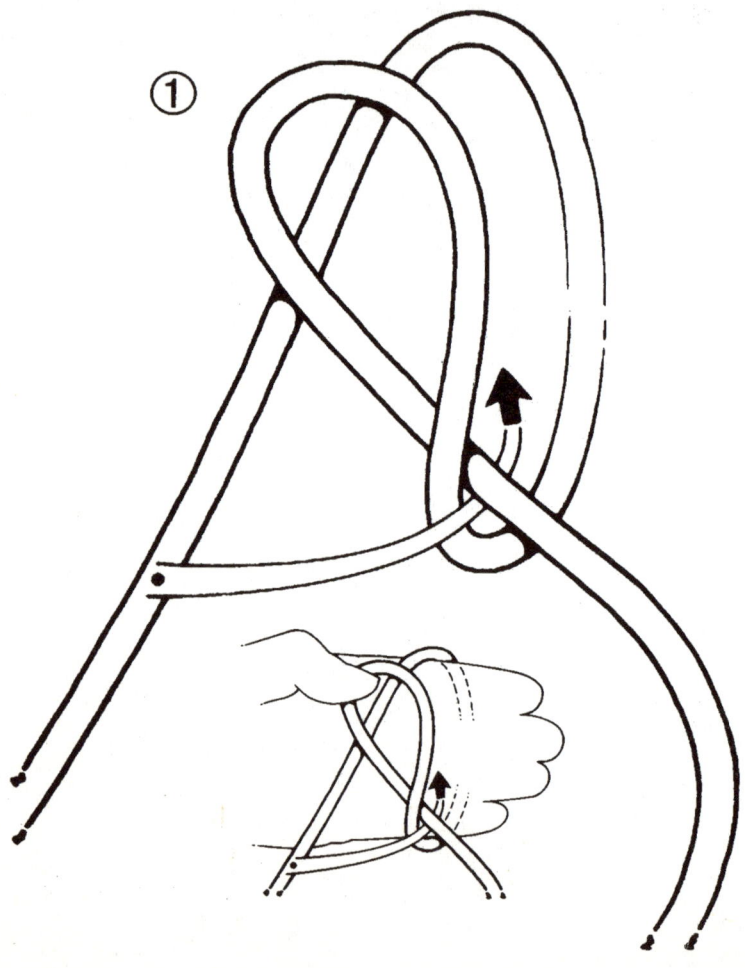

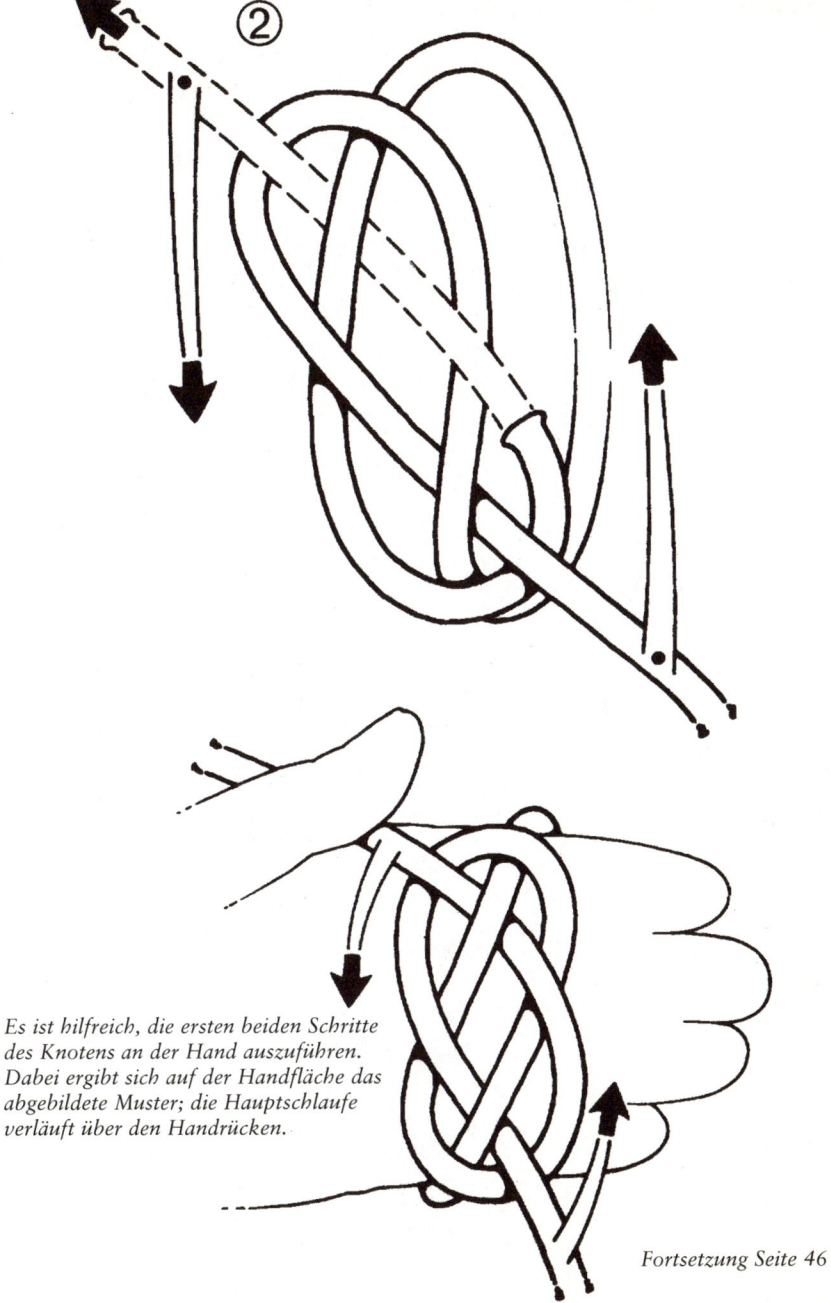

②

Es ist hilfreich, die ersten beiden Schritte des Knotens an der Hand auszuführen. Dabei ergibt sich auf der Handfläche das abgebildete Muster; die Hauptschlaufe verläuft über den Handrücken.

Fortsetzung Seite 46

Bordmesser-Bändselknoten

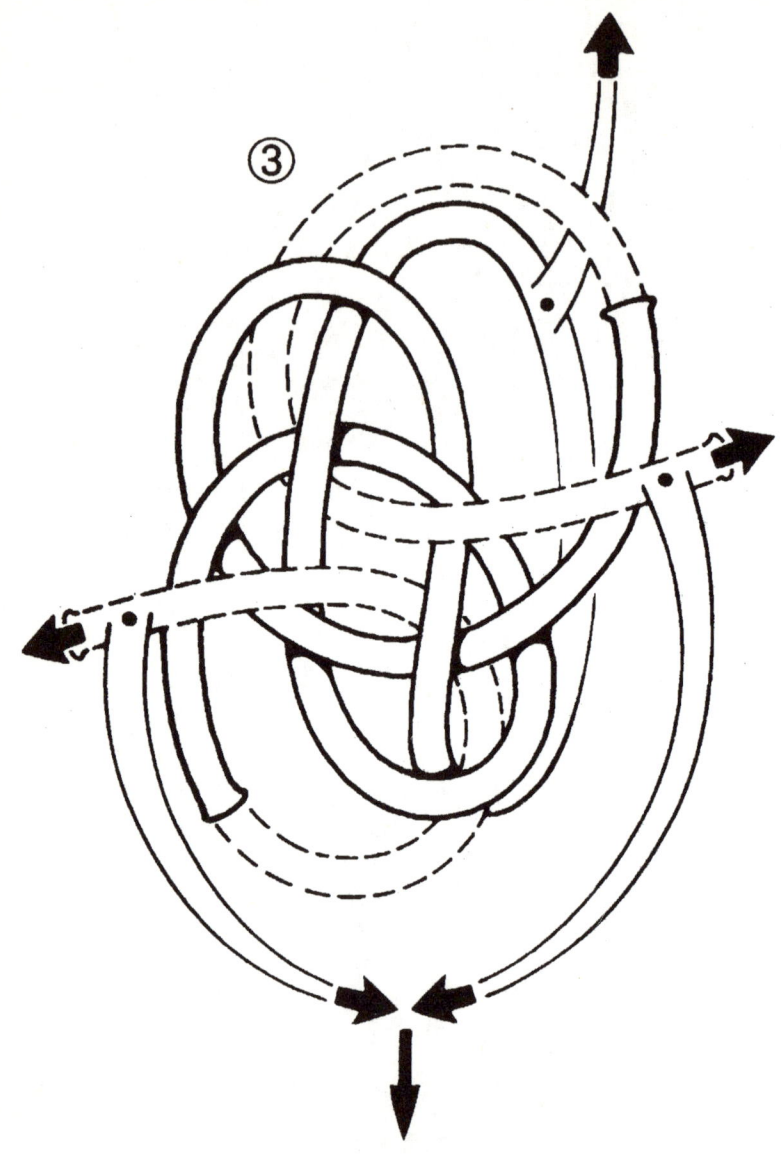

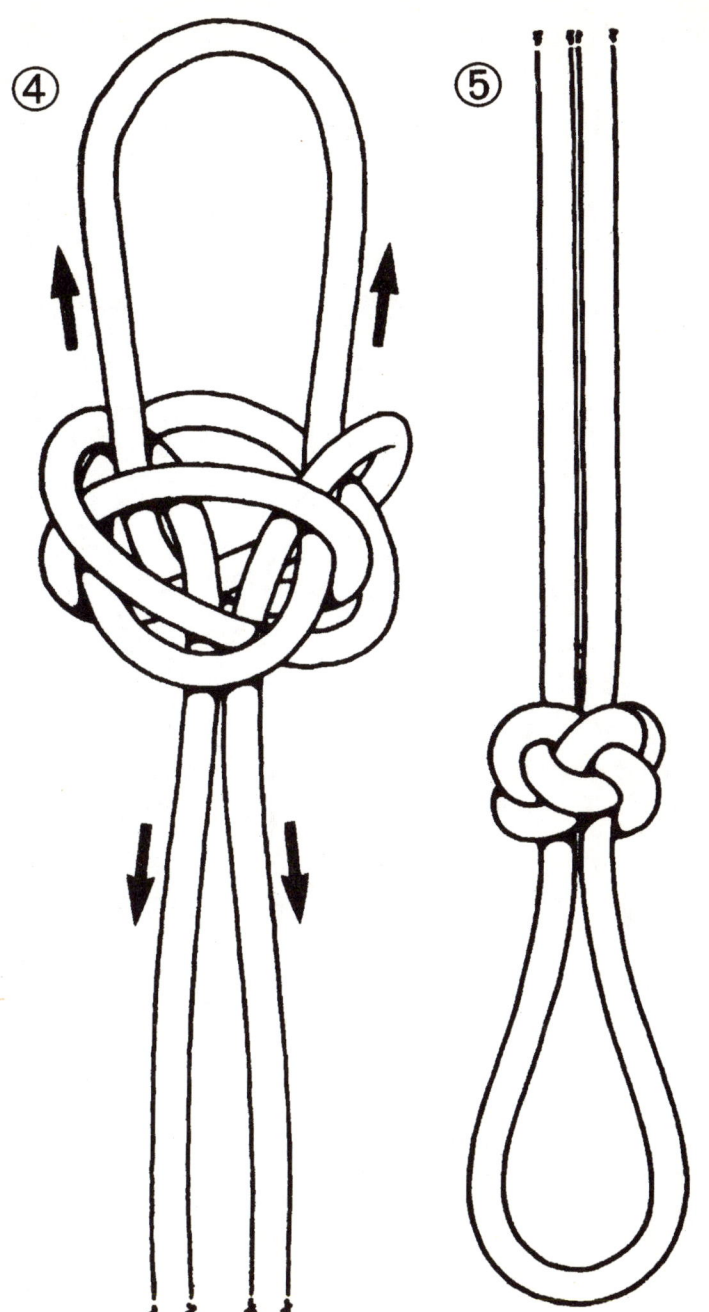

Doppelter Bordmesser-Bändselknoten

Das Aussehen vieler Schmuckknoten gewinnt durch »Verdoppelung« an zusätzlichem Reiz. Dabei folgt man dem ursprünglichen Lauf des Kardeels ein zweites Mal. Das hier abgebildete Beispiel ist die »doppelte« Version des vorangegangenen Knotens. Man folgt den Schritten 1, 2 & 3 des Bordmesser-Bändselknotens (Seite 44, 45 & 46). Doch anstatt die Tampen wie in Schritt 3 beschrieben (Seite 46) aus dem Knoten herauszuführen, werden die beiden Enden verdoppelt, indem man sie an der Innenseite der ursprünglichen Führung entlangleitet (Schritt 1 unten). Dann führt man Schritt 2 aus, bringt die Enden nach oben (siehe Abbildung), zieht den Knoten fest und bringt ihn in die endgültige Form (Schritt 3). Die verdoppelten Kardeele sollen dabei ordentlich nebeneinander liegen.

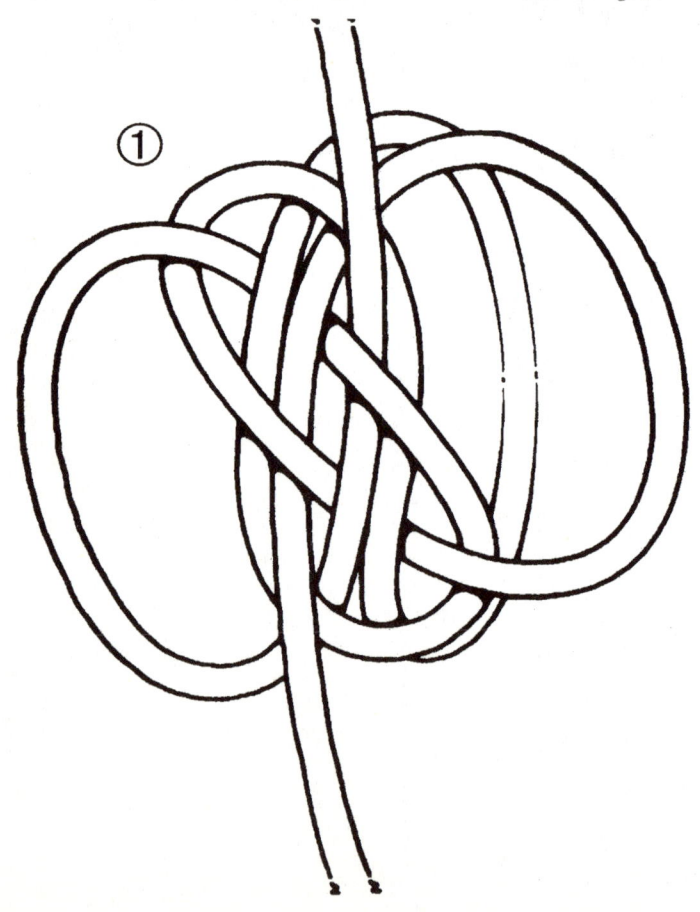

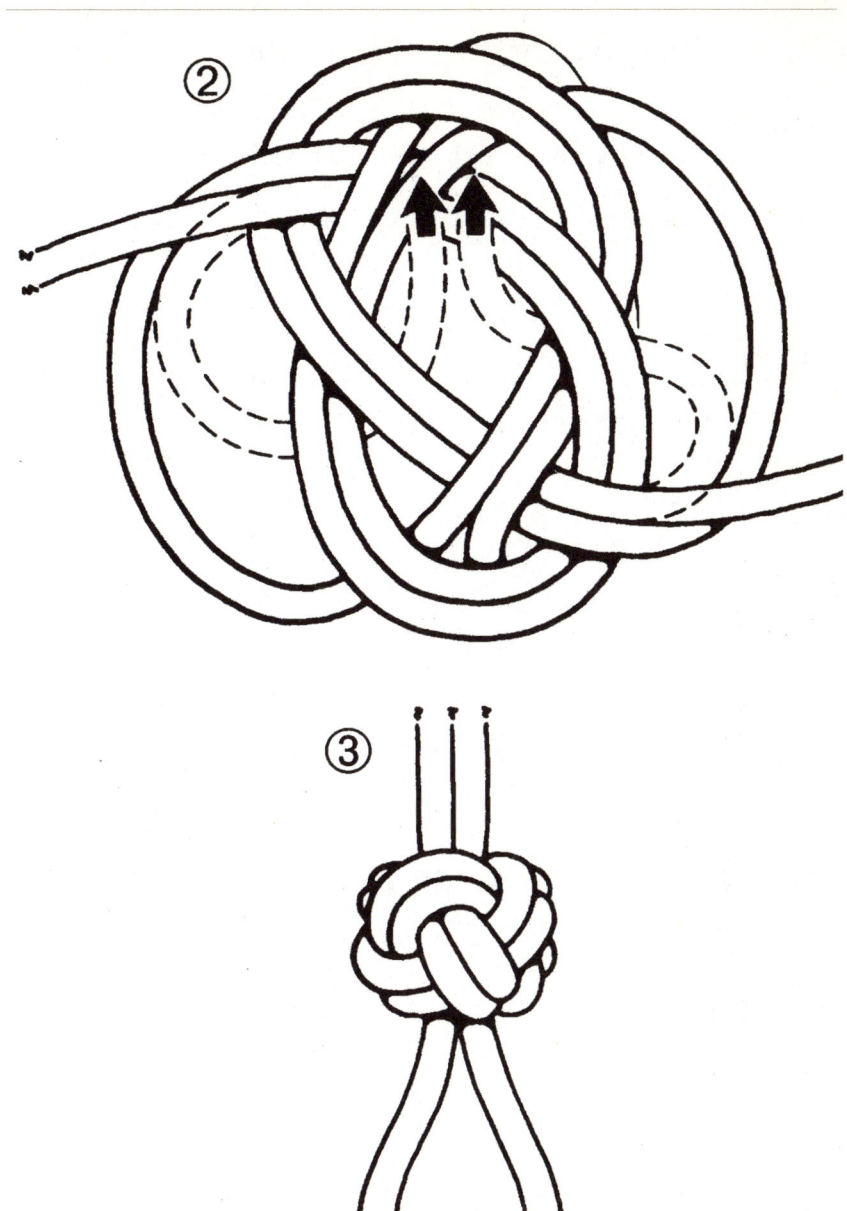

Zweistrang-Bändselknoten

In manchen Fällen stellt ein Gleitknoten eine hilfreiche Ergänzung zu
einem Verdickungsknoten dar. Es empfiehlt sich der Mehrfach-Überhandknoten (Seite 20), der schnell und wirkungsvoll geknüpft werden kann.
Hierbei schiebt man vor dem Dichtholen ein zweites Kardeel durch den
Knoten (Schritt 1). Die Schlaufe kann auf die gewünschte Größe verändert
werden.

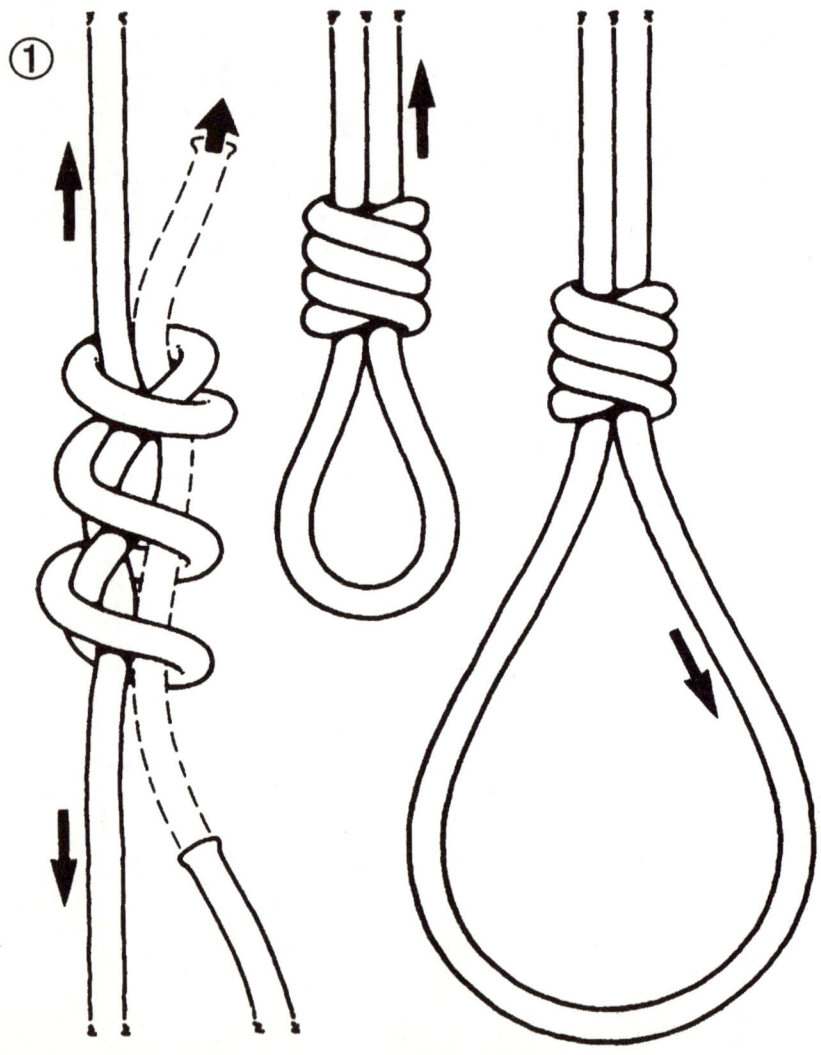

Schleifenknoten

Allen Schleifen, die oft auch Zierknoten genannt werden, ist eine harmonische und symmetrische Form gemein, die sich aus Schlaufen, Schlingen und Kronen zusammensetzt. Sie werden regelmäßig als I-Tüpfelchen für Geschenkverpackungen oder Pakete verwendet. Die folgenden Beispiele können aus vielen verschiedenen Materialien geknüpft werden. Wenn man ein Schmuckband oder bedrucktes Material verwendet, darf man nicht vergessen, daß solche Bänder eine rechte Seite haben, die durch Drehen und gekonnte Ausbildung des Knotens sichtbar an der Oberseite bleiben sollte.

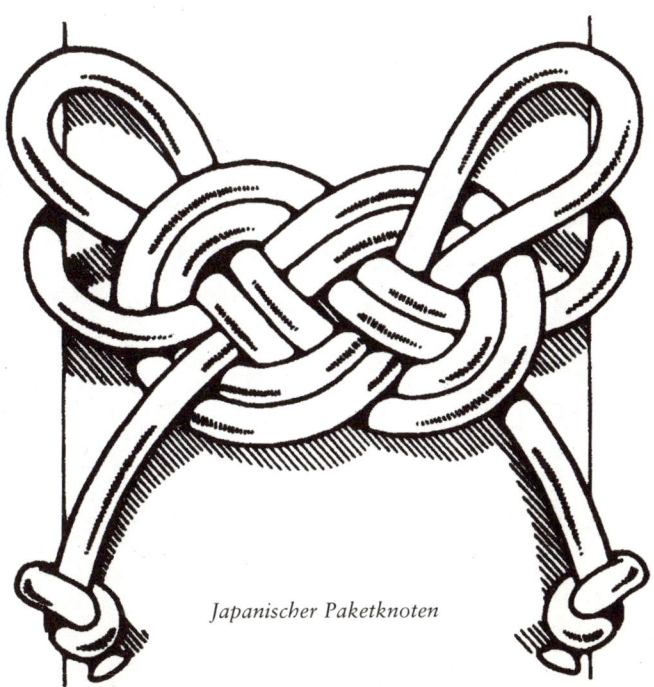

Japanischer Paketknoten

Schleife

Die gewöhnliche Schleife ist wohl der gebräuchlichste aller Knoten. Sie findet immer dann Verwendung, wenn zwei lose Enden schnell und einfach miteinander verknüpft werden sollen. Sie läßt sich obendrein leicht lösen, indem man an einem losen Ende zieht.

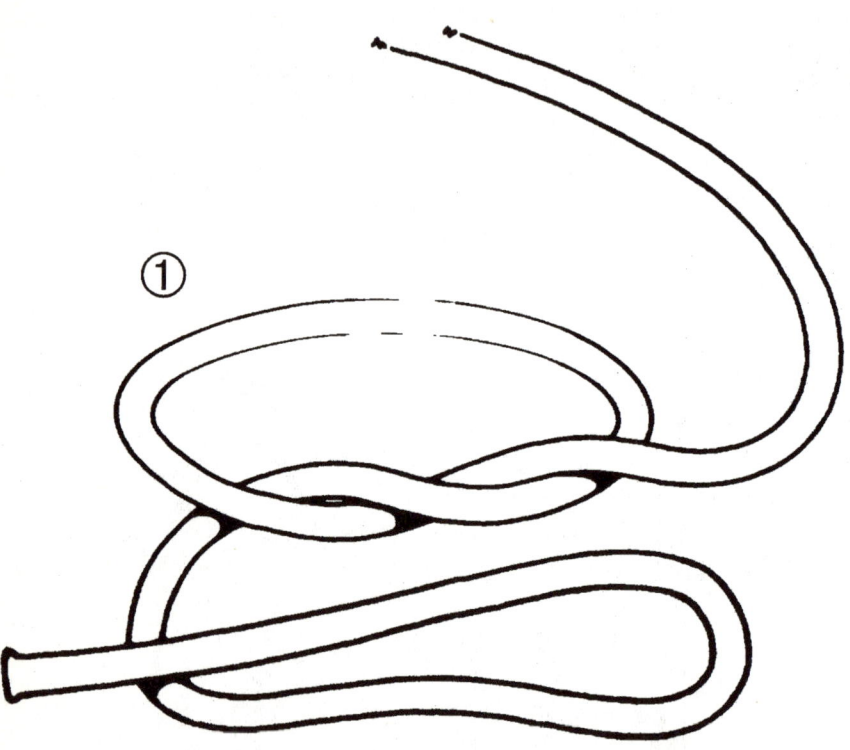

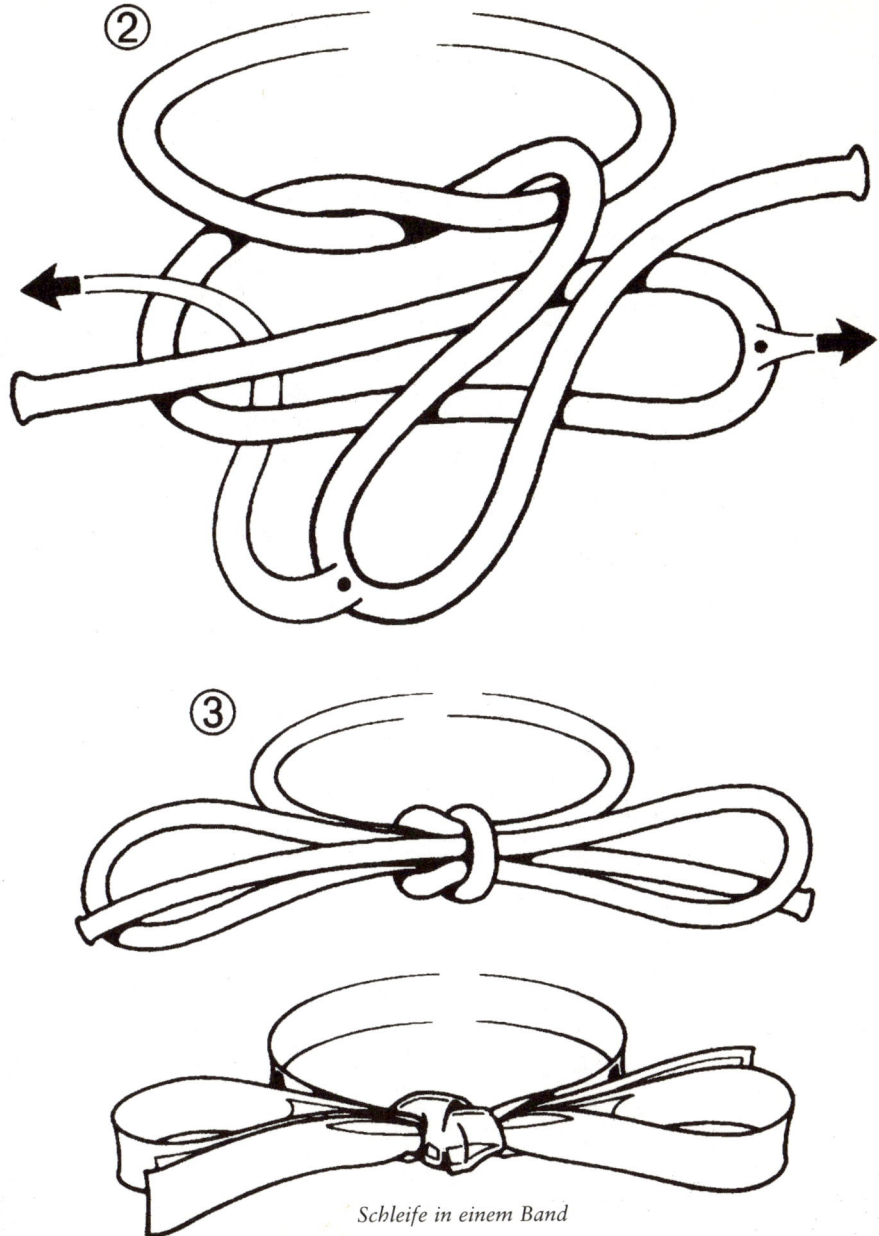

②

③

Schleife in einem Band

Trompetenstek

Der Trompetenstek wird hauptsächlich dazu verwendet, ein Stück Seil oder Schnur zu verkürzen, ohne es zu kappen (Schritt 2). Wenn man die zwei Parten des Knotens zusammenzieht, ergibt sich ein einfacher, aber wirkungsvoller Schleifenknoten.

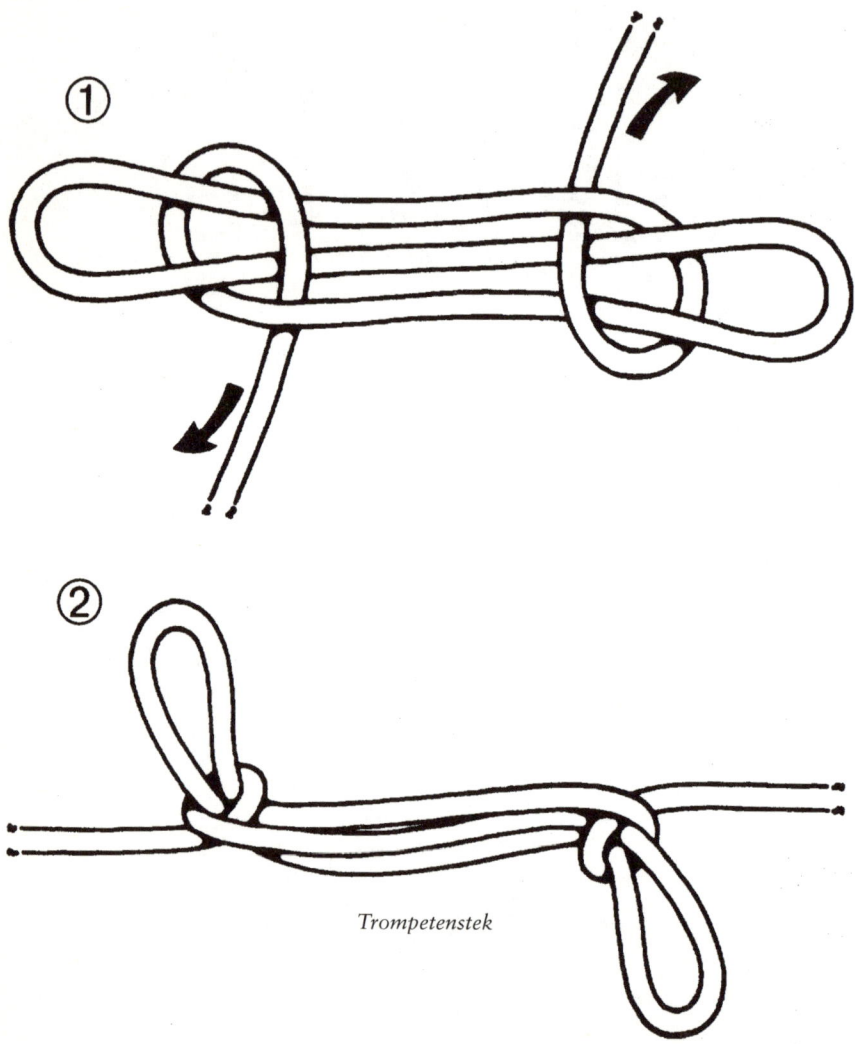

Trompetenstek

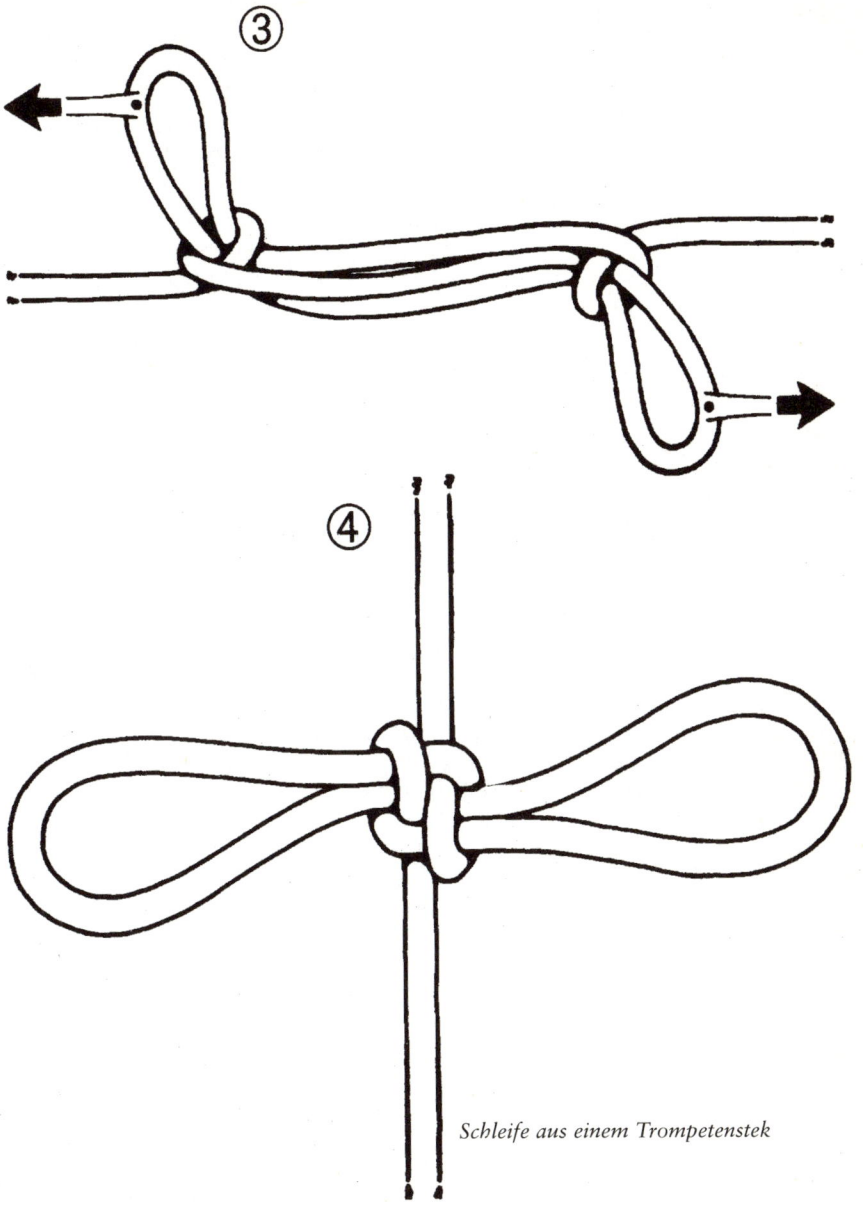

③

④

Schleife aus einem Trompetenstek

Japanischer Knoten

Dieser Knoten wird zur Dekoration eines Kordelendes verwendet und bildet ein interessantes und praktisches Endstück für einen Jalousiegriff. In der Mitte des Knotens befindet sich eine vierteilige Krone. Die zwei Schlaufen können während des Knüpfens auf die gewünschte Größe gebracht werden (Schritt 2).

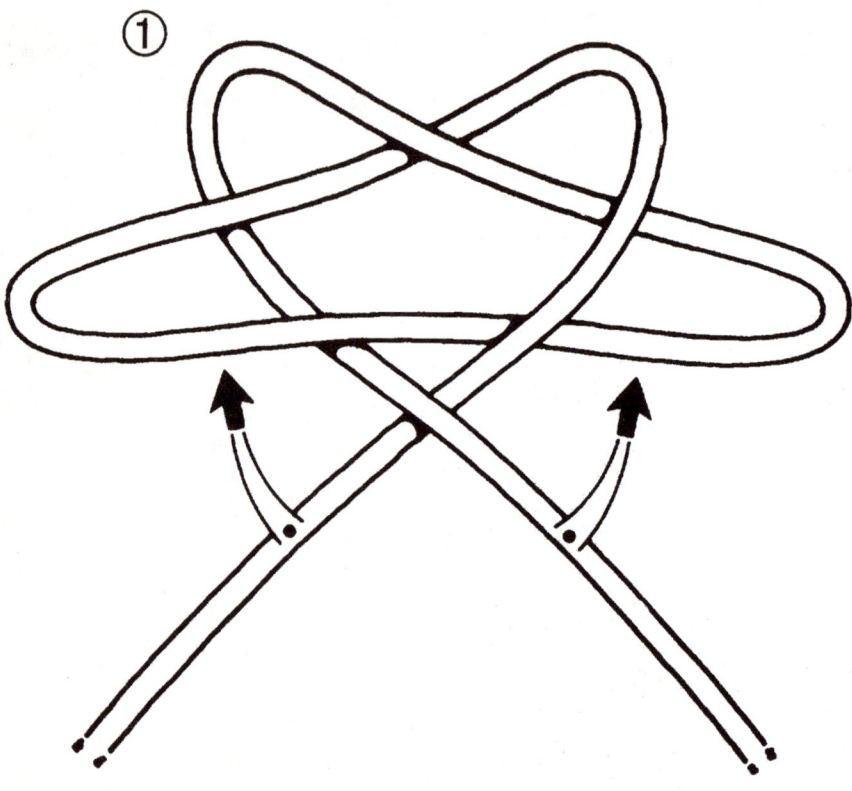

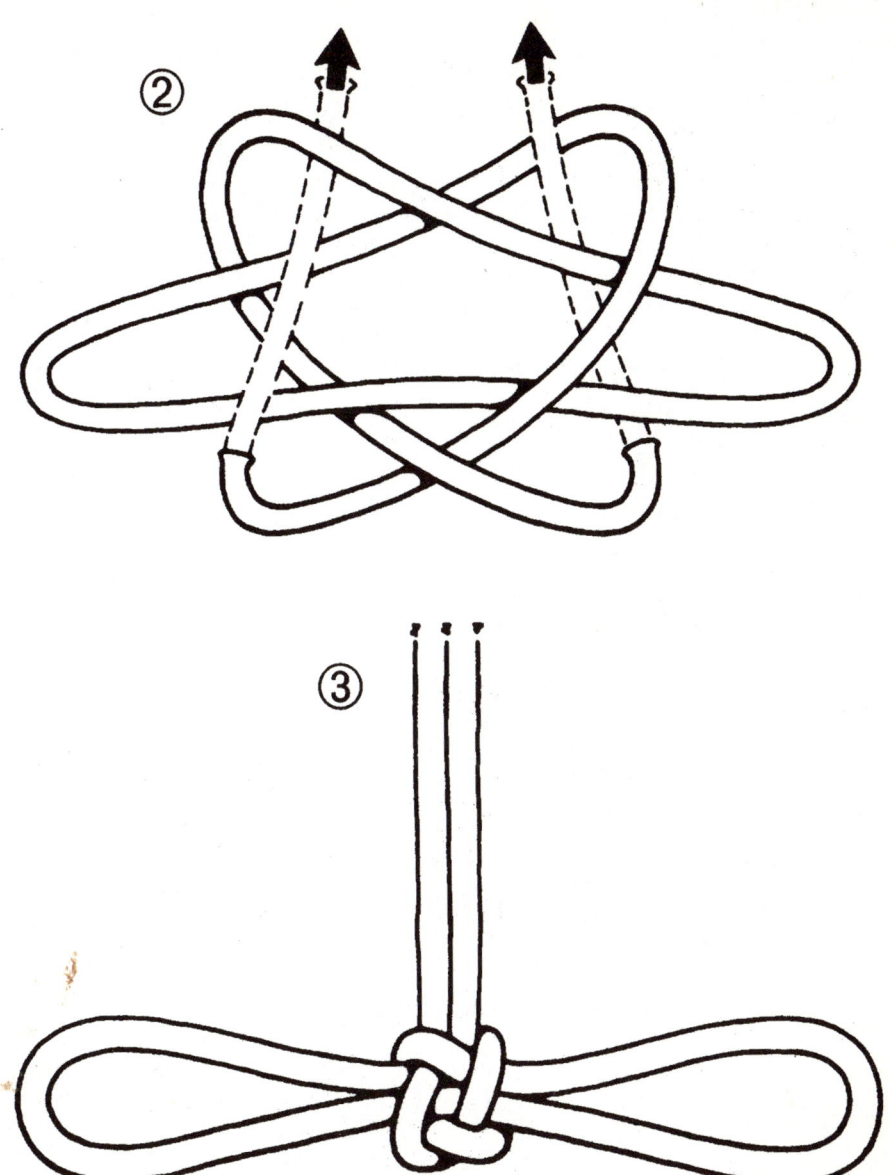

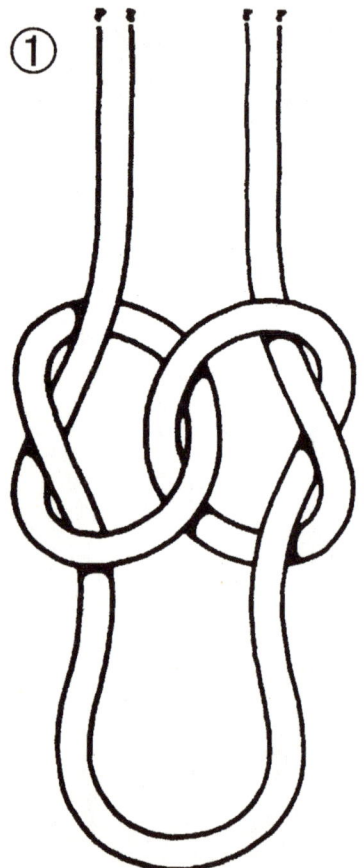

SCHLEIFENKNOTEN

Liebesknoten

Der Name »Liebesknoten« war schon immer sehr beliebt und kann bis auf das Jahr 1664 zurückverfolgt werden. Seit dieser Zeit haben viele Knoten diesen Namen getragen. Man ist sich einig, daß allen diesen Knoten eine Eigenschaft gemein ist: Die beiden Überhandknoten sind so ineinander verschlungen, daß sie eine symmetrische Einheit ergeben. Dieses typische Kennzeichen hat dem Knoten auch seinen Namen gegeben. Die Abbildung zeigt den grundlegenden Knoten in Schritt 1 und dann die dekorativere Schleifenform, bei der zwei Buchten durchgezogen werden, in den Schritten 2 & 3.

Wird der Liebesknoten festgezogen, ergibt sich ein hübscher zweikardeeliger Taljereepsknoten.

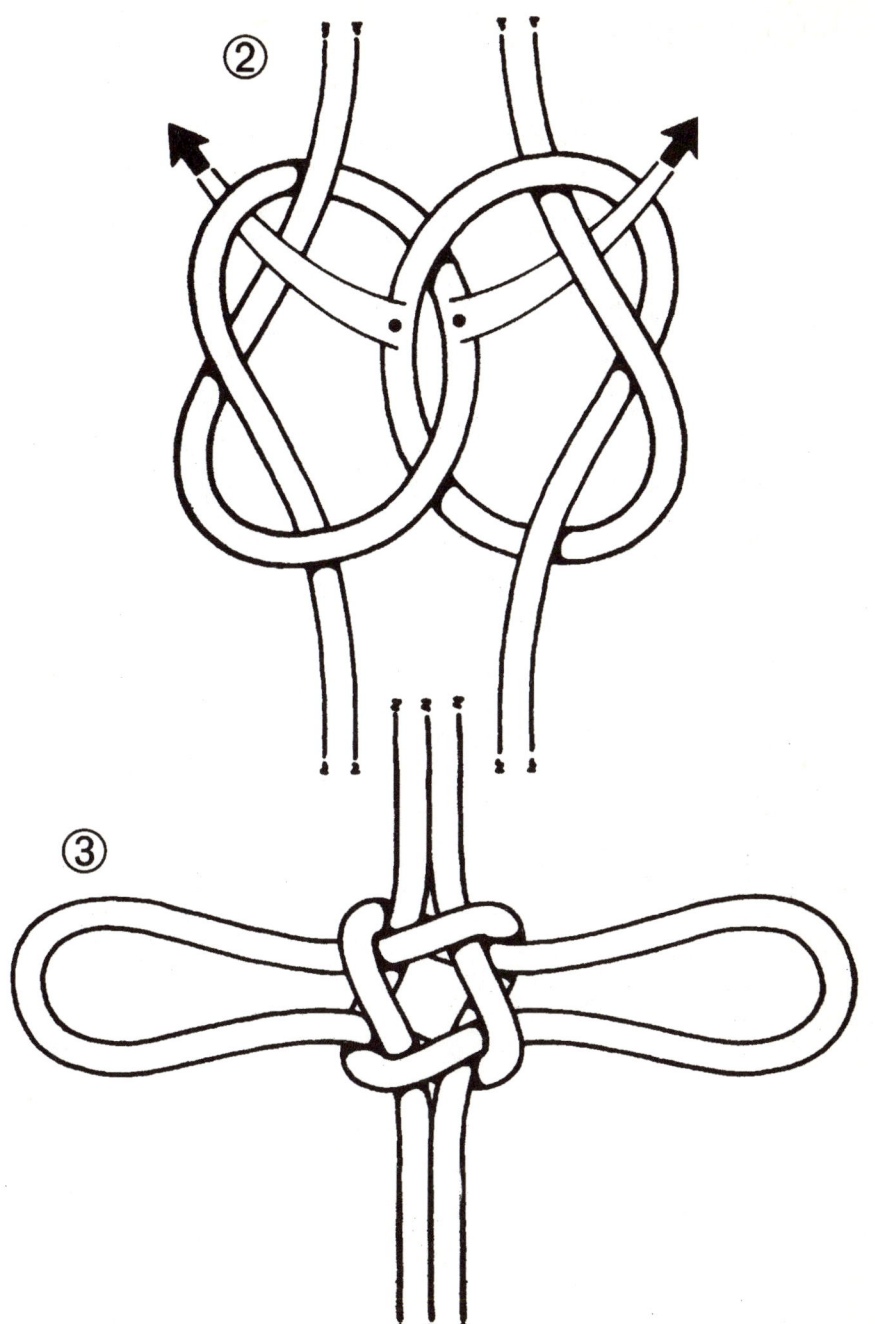

SCHLEIFENKNOTEN

Japanischer Paketknoten

Dieser hübsche Knoten, der in doppelten Enden geknüpft wird, gründet
auf dem stark symmetrischen Kreuzknoten. Er eignet sich bestens für
Geschenkverpackungen und wird oft auch »Geschenkknoten« genannt.
Knüpft man diesen Knoten in einem Band, können die beiden Enden
gerade oder diagonal zugeschnitten oder in die Form eines Schwalbenschwanzes gebracht werden. Bei Kordeln kann man die Enden mit einem
einfachen Überhandknoten versehen.

Gerade zugeschnit-
tenes Band

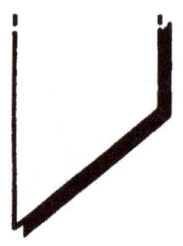

Diagonal zugeschnit-
tenes Band

Band in Form eines
Schwalbenschwanzes

①

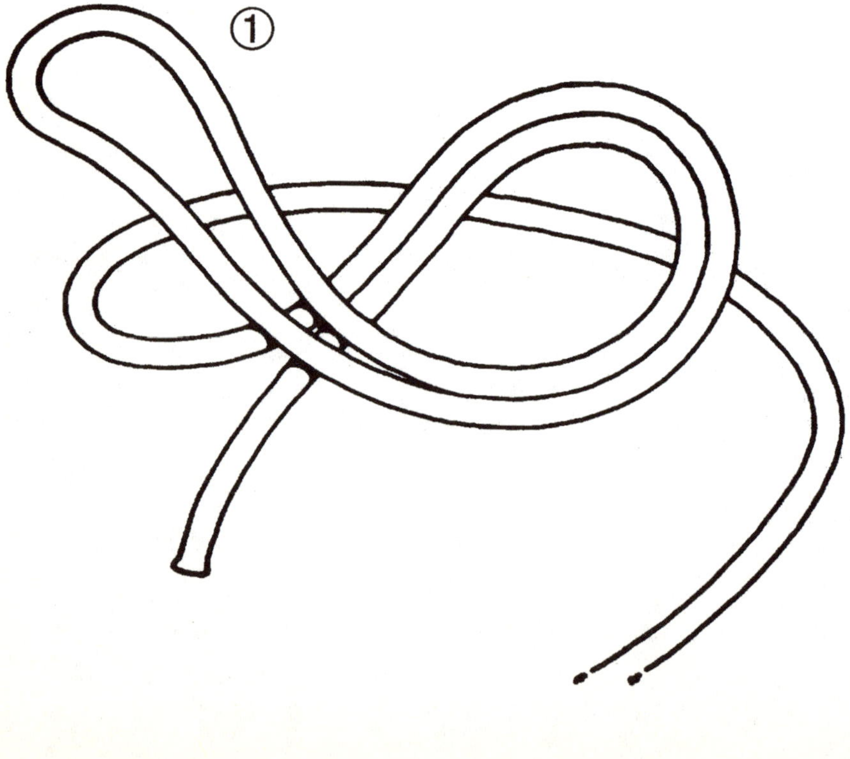

Krone mit vier Schlaufen

Bei diesem dekorativen Paket- oder Geschenkknoten »krönt« man vier Schlaufen. Zuerst wird das Knüpfmaterial ausgelegt (Schritt 1), dann krönt man Schlaufe eins, indem man sie auf die rechte Seite von Schlaufe zwei nimmt, Schlaufe zwei nach rechts überkreuzt und sie mit Schlaufe drei (Schritt 2) krönt. Dann krönt man Schlaufe drei mit Schlaufe vier und steckt sie (Schritt 2) unter die doppelte Bucht, die durch Schlaufe eins entsteht. Alle Parten des Knotens gleichmäßig auslegen und dichtholen.

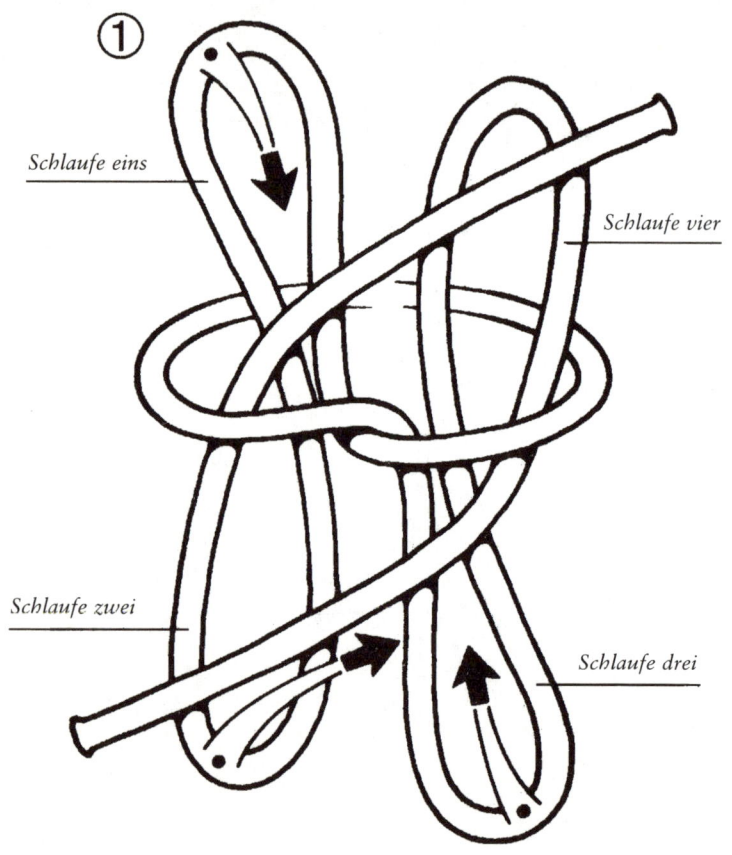

Schlaufe eins

Schlaufe vier

Schlaufe zwei

Schlaufe drei

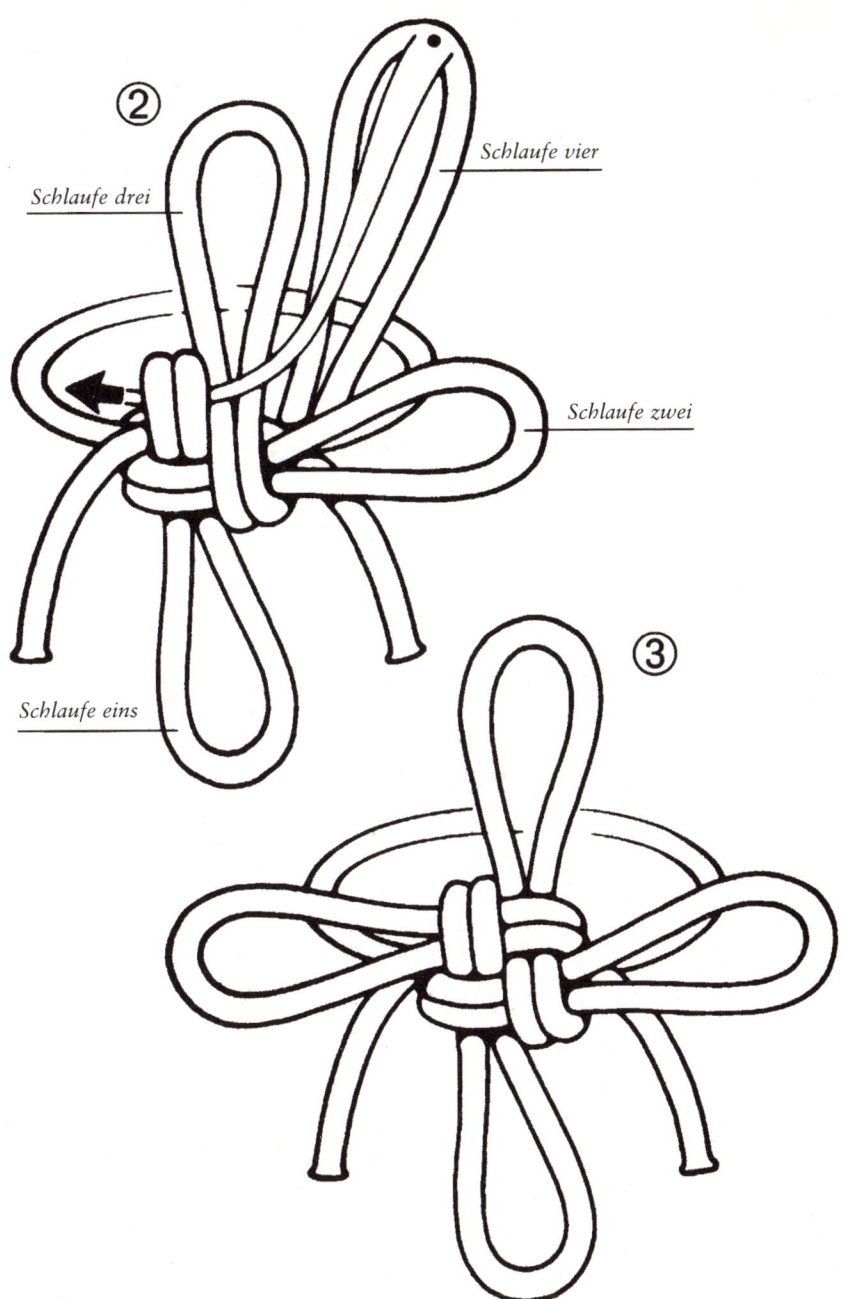

② Schlaufe drei

Schlaufe vier

Schlaufe zwei

Schlaufe eins

③

Kleeblattknoten

Dieser charakteristische Knoten entsteht durch Ausbilden einer Krone (Seite 62). Zuerst wird das Knüpfmaterial ausgelegt (Schritt 1). Die beiden losen Enden werden als eine Schlaufe behandelt. Man krönt die Schlaufen der Reihe nach entgegen dem Uhrzeigersinn. So entsteht die in Schritt 2 abgebildete Form. Ohne diese zu verändern, werden die Schlaufen nochmals gekrönt, doch dieses Mal im Uhrzeigersinn und in der Reihenfolge Schlaufe drei, zwei, eins und vier. Den Knoten dann in seine endgültige Form bringen (Schritt 3).

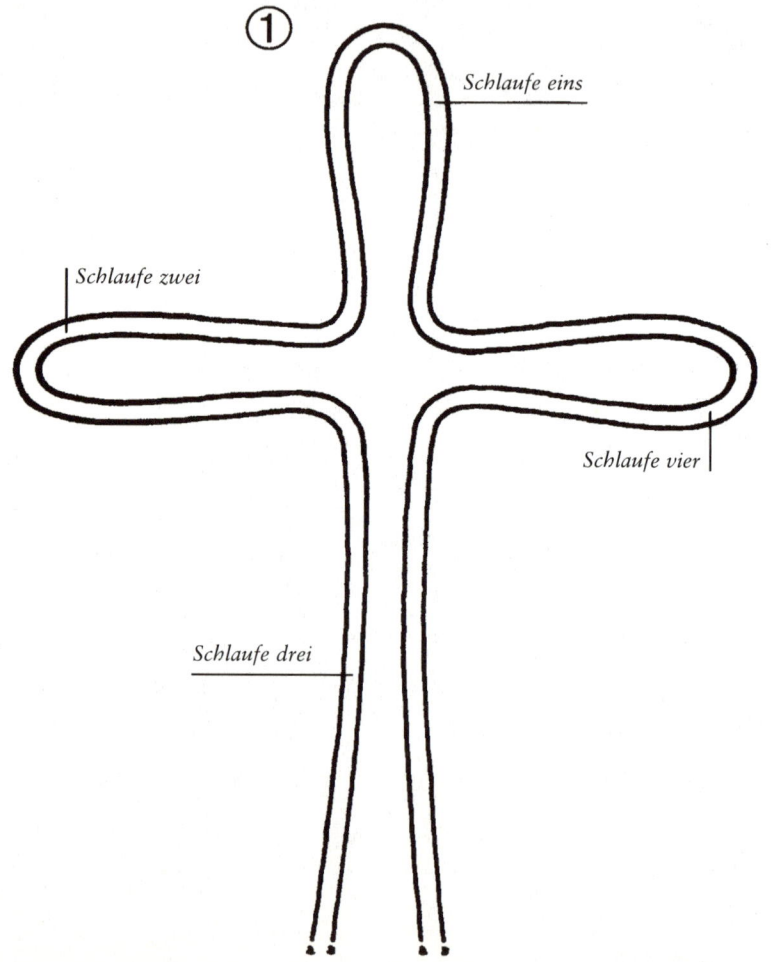

① Schlaufe eins

Schlaufe zwei

Schlaufe vier

Schlaufe drei

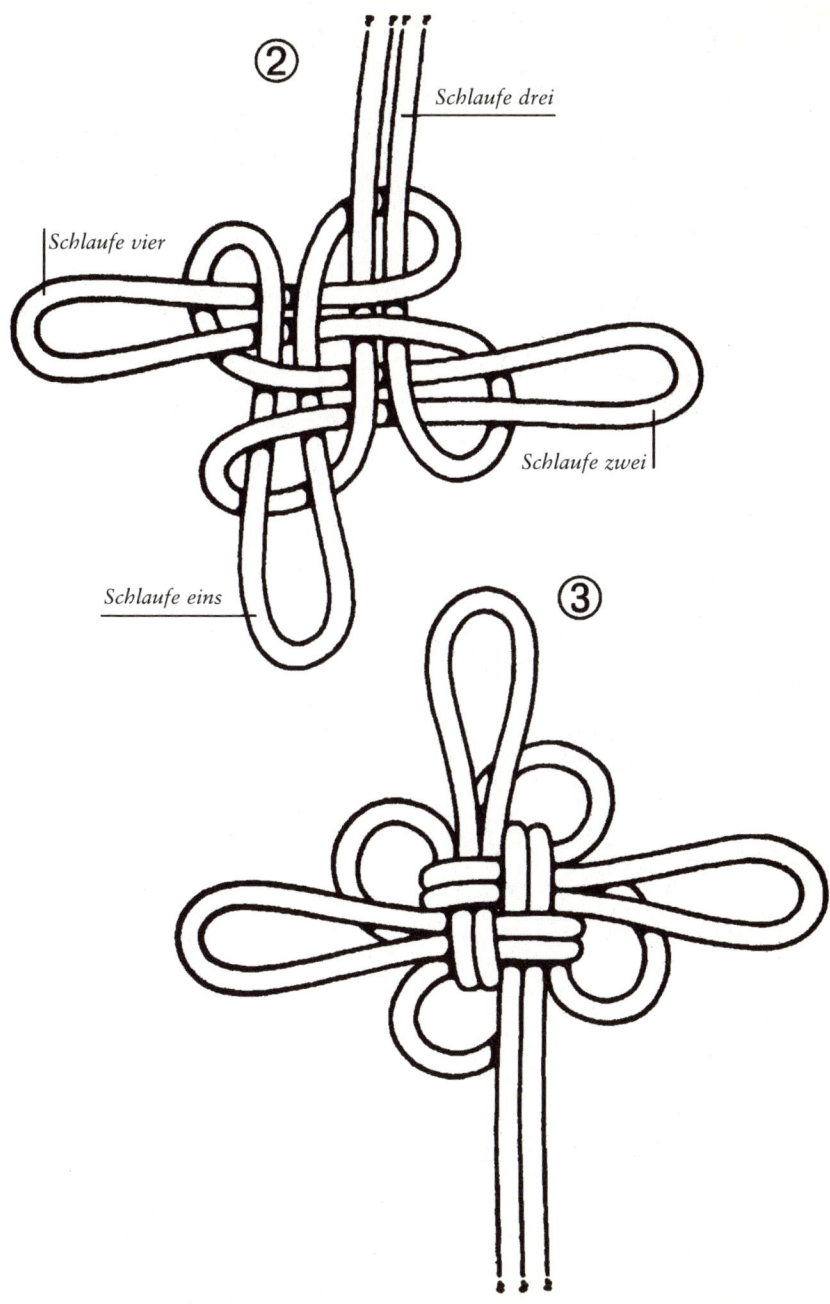

②

Schlaufe drei

Schlaufe vier

Schlaufe zwei

Schlaufe eins

③

Schmetterlingsknoten

Dieser Knoten besteht aus einer dreiteiligen Krone in der Mitte sowie, in seiner einfachsten Variante, aus zwei langen Schlaufen, die eine Schleife in Form eines Schmetterlings bilden (Schritt 3). Eine dritte Schlaufe entsteht, indem man das lose Ende durchsteckt (Schritt 4), so daß der in Schritt 5 dargestellte dreischlaufige Knoten entsteht.

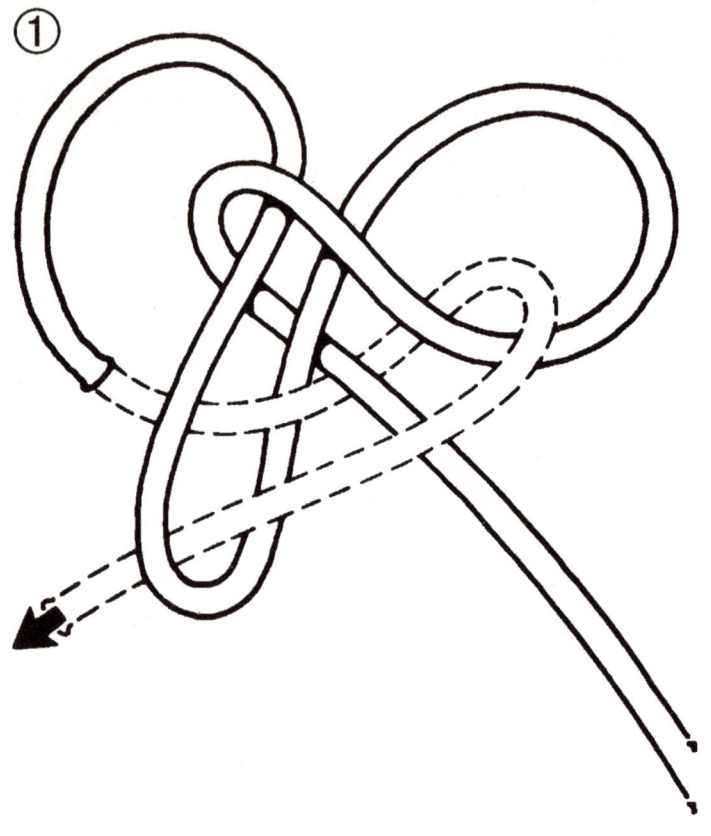

①

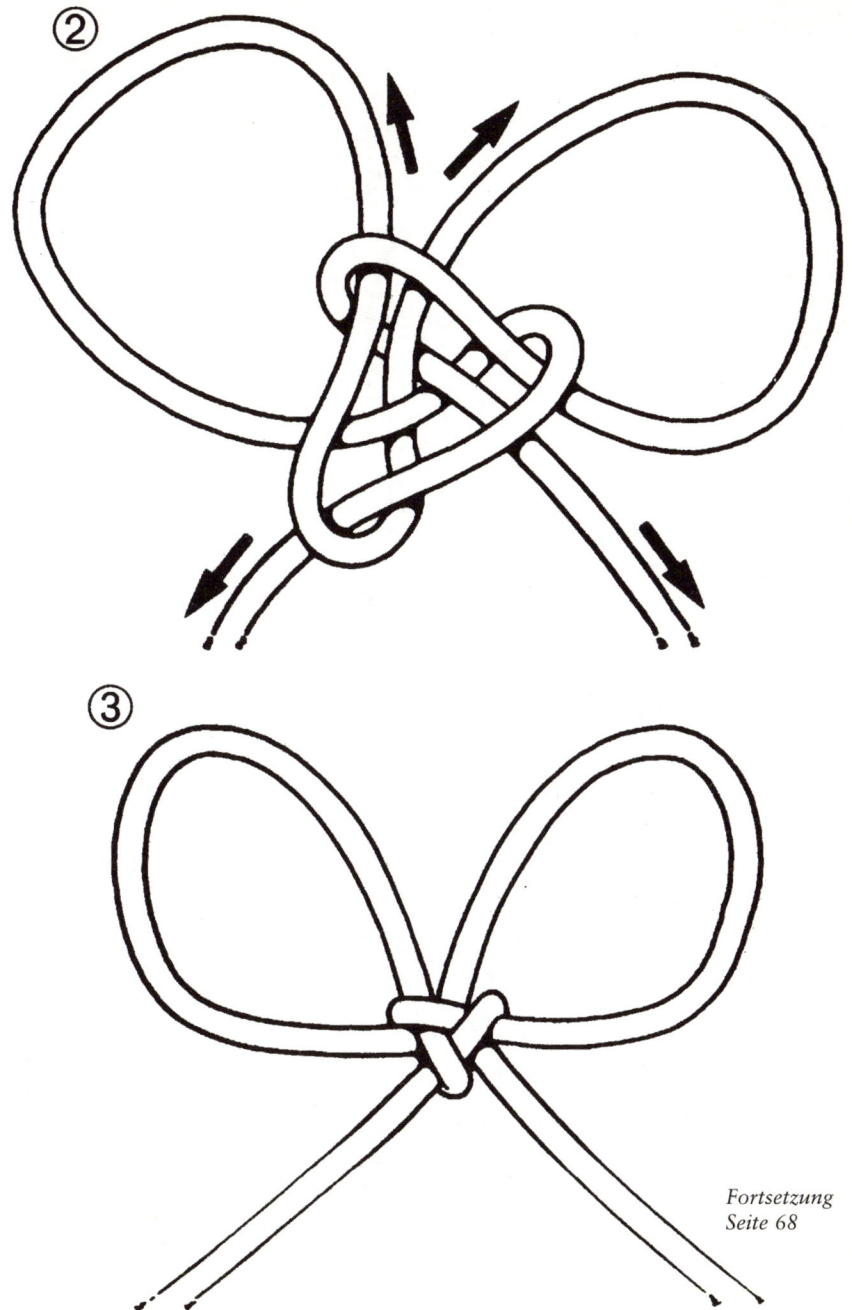

② ③

Fortsetzung
Seite 68

Schmetterlingsknoten

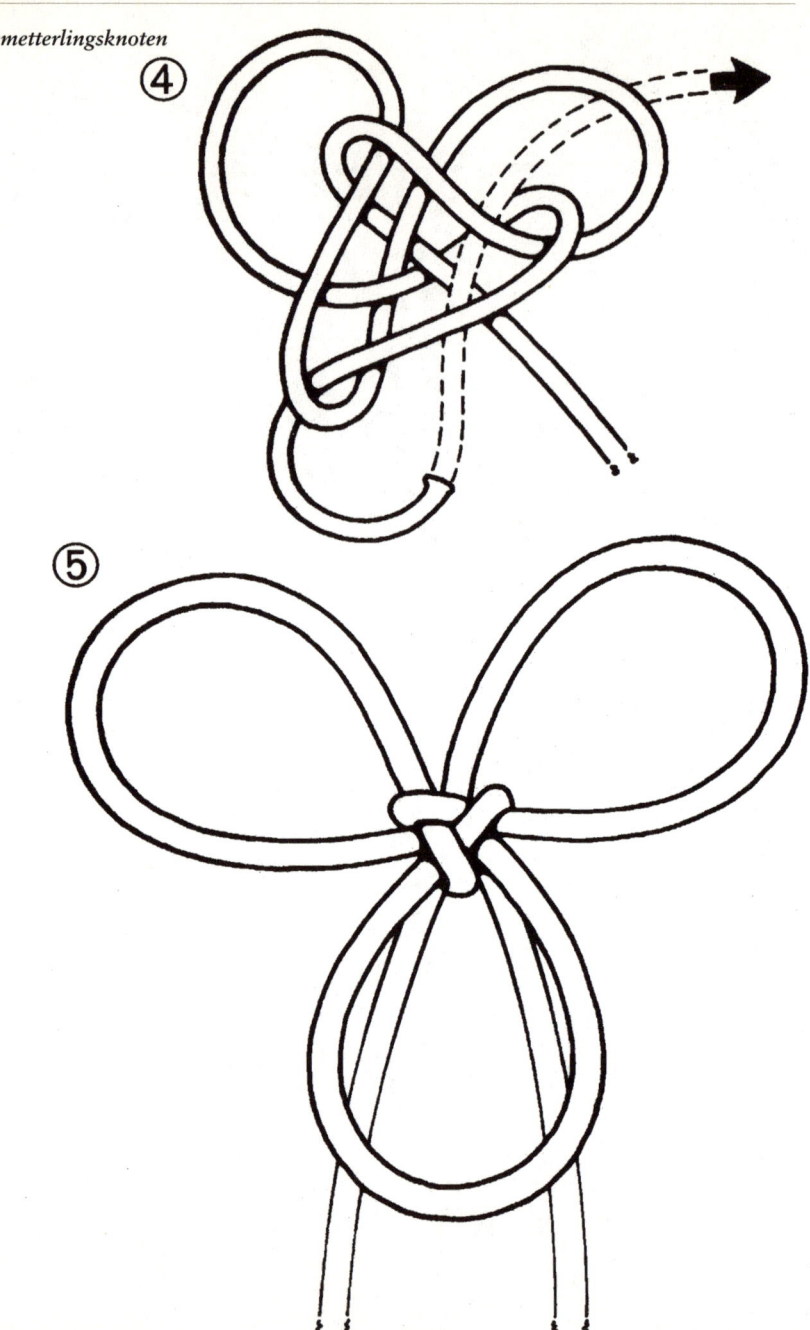

Knopfknoten

Wie der Name schon vermuten läßt, handelt es sich bei Knopf- oder Pyjamaknoten um runde, symmetrische Knoten, die vor allem zum Verschließen von Unter- und Nachtwäsche dienen. In China sind solche Knöpfe noch sehr gebräuchlich. Auch in der westlichen Welt findet man Knopfknoten häufig bei modischen Accessoires. Diese unzerbrechlichen Knöpfe sind nicht nur sehr dekorativ, sondern auch weicher und bequemer als solche aus Knochen oder Plastik.

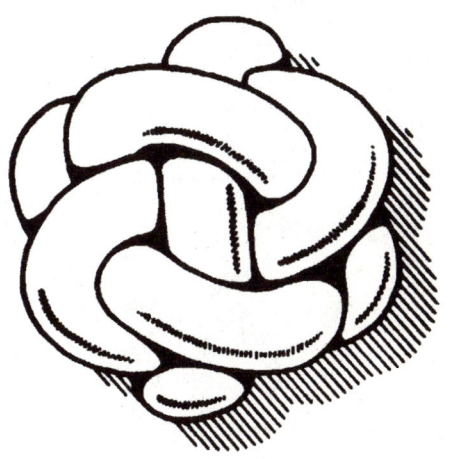

Chinesischer Knopfknoten

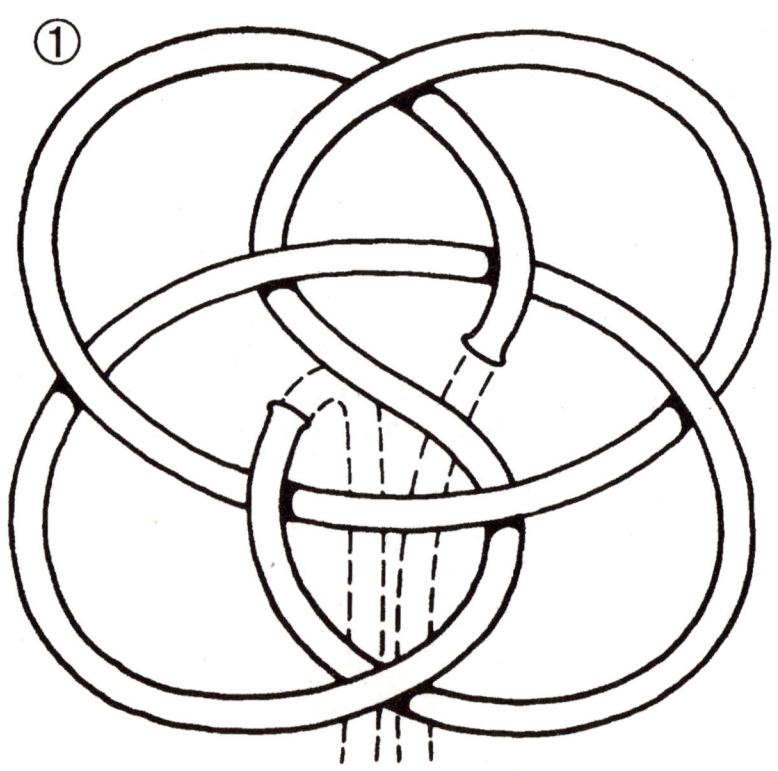

Chinesischer Knopfknoten

Das Knüpfen des hier abgebildeten Chinesischen Knopfknotens erfordert
einige Übung, bis die notwendige Technik erlernt ist. Zuerst wird das
Knüpfmaterial auf einer ebenen Fläche ausgelegt (Schritt 1). Dann läßt
man die beiden Enden nach unten fallen, so daß ein Stiel entsteht (Schritt
2). In Schritt 3 wird das überschüssige Material sorgfältig herausgearbeitet. Anfangs hält man den Knoten flach; doch im Verlauf dieses Arbeits-
gangs bildet sich eine Pilzform aus. Diese entsteht durch Zusammenziehen
des Knotenrands und Aufsteigen der Mitte. Die endgültige Form wird
durch Dichtholen des Knotens erreicht (Schritt 4). Dies geschieht am
besten mit Hilfe einer Flachzange oder bei feinem Material mit einer
Pinzette.

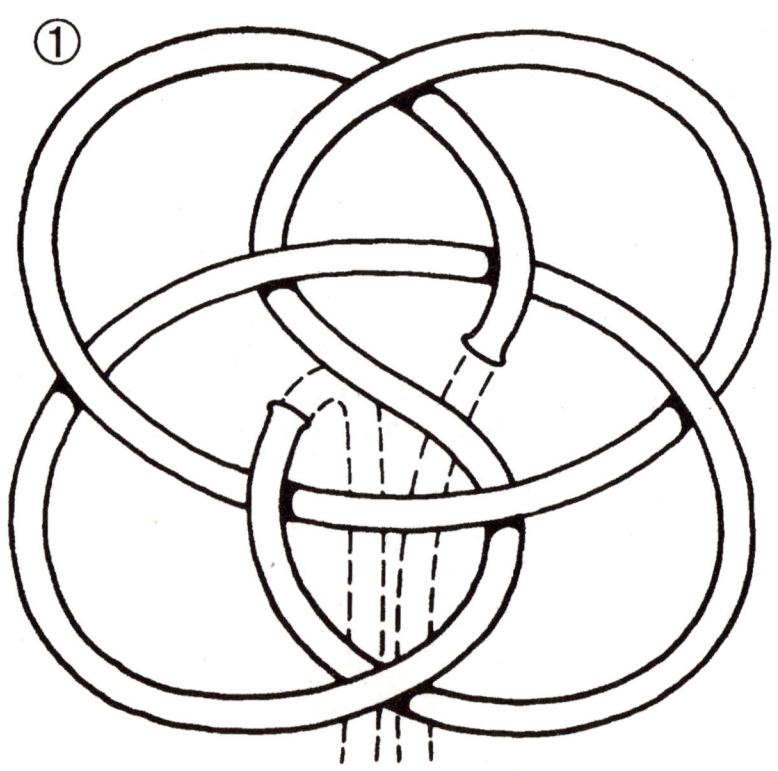

①

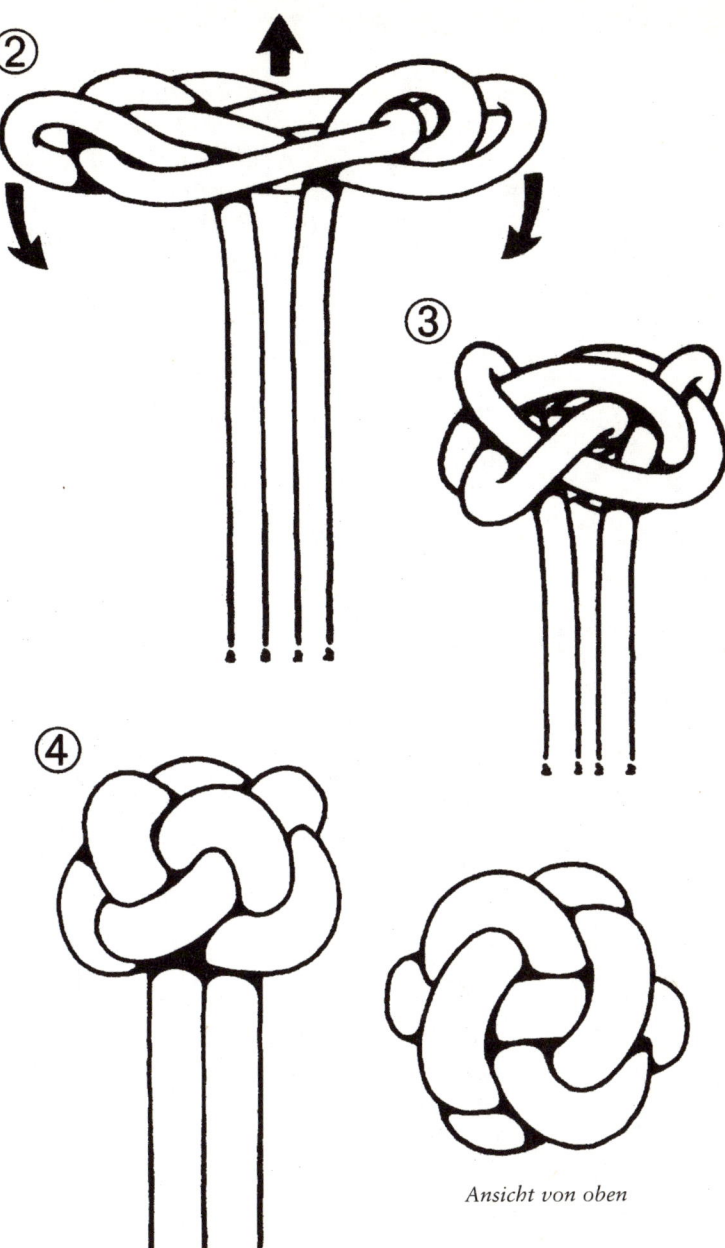

Ansicht von oben

Doppelter Chinesischer Knopfknoten

Dieser gebräuchliche Zierknoten wird oft in Seidenbänder geknüpft. Man befolgt die grundlegende Knüpfanleitung für den Chinesischen Knopfknoten (Seite 70). Dann folgt ein zweiter Umlauf des Bands (Schritte 1 & 2), so daß ein zweikardeeliger oder »doppelter« Knoten entsteht. Beim Dichtholen des Knotens sollte man darauf achten, daß die doppelten Kardeele zusammenliegen.

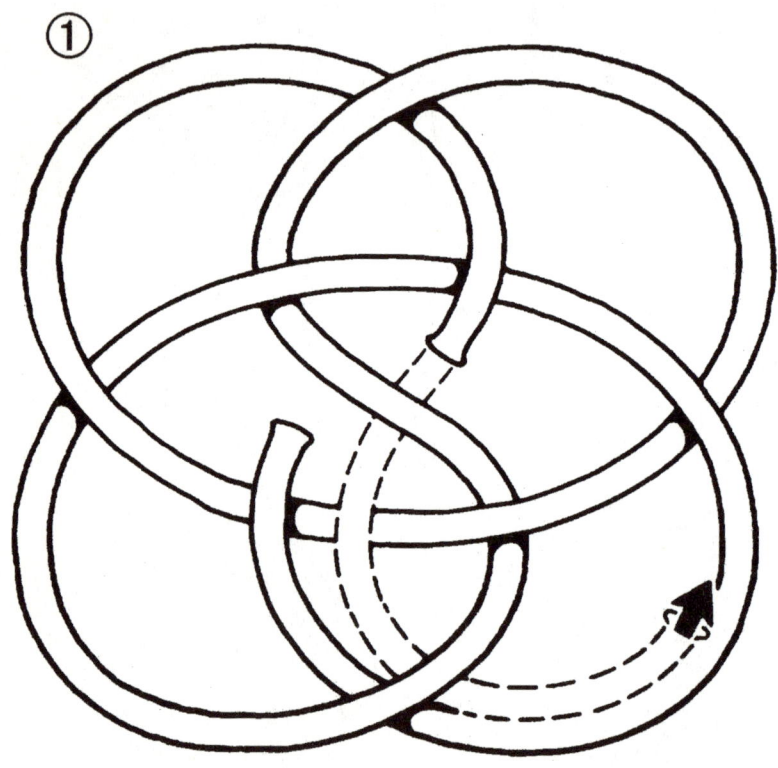

②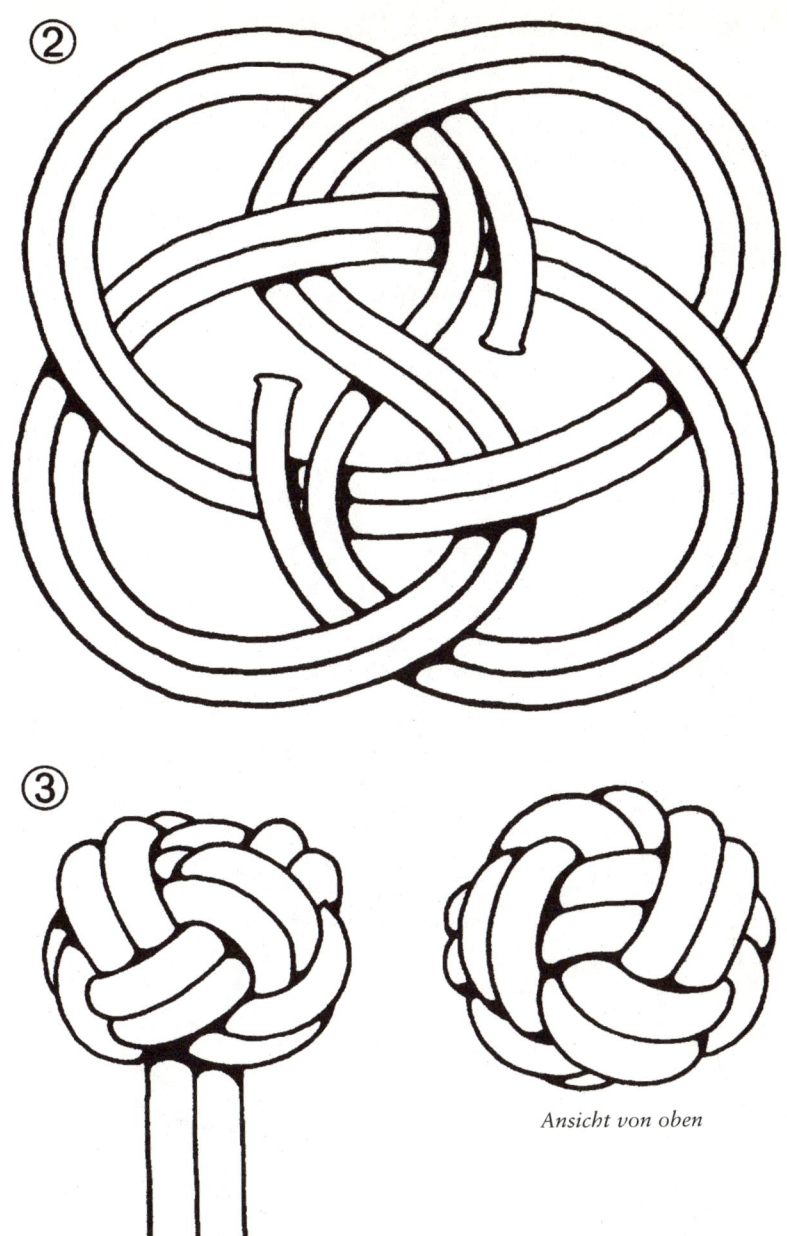

③

Ansicht von oben

KNOPFKNOTEN

Knopfknoten mit acht Parten

Dieser Knoten ist eine interessante Variante des Chinesischen Knopfknotens. Er entsteht durch Abwandlung des letzten Durchstichs der Enden in Schritt 1. Die übrige Anleitung findet sich auf Seite 70. Der traditionelle Chinesische Knopfknoten hat neun oberflächliche Parten, dieser Knoten hat acht. Auf Grund der beträchtlich veränderten Form stellt diese Variante eine interessante Alternative dar. Wie der traditionelle Knoten kann auch der hier beschriebene »verdoppelt« werden.

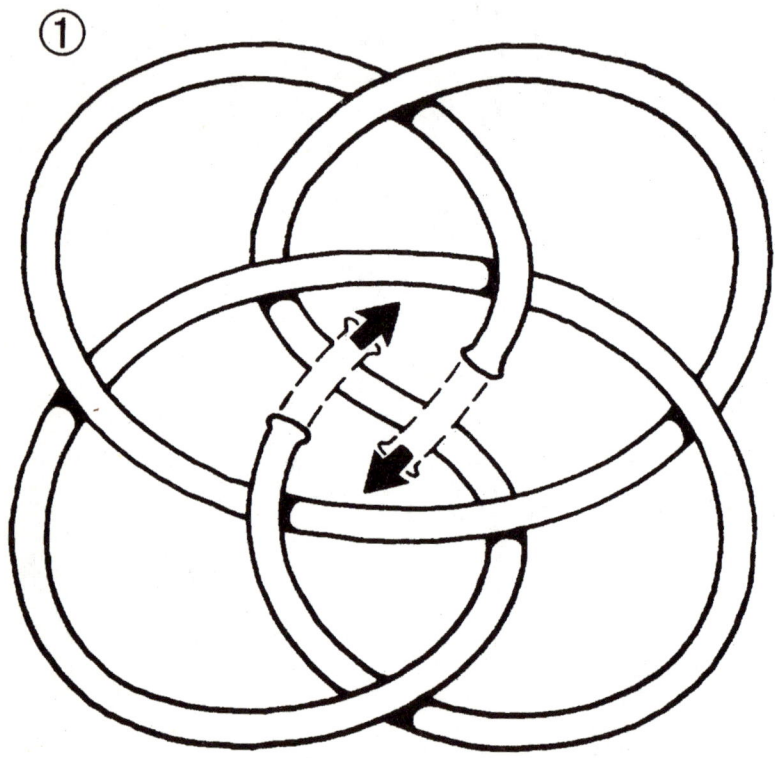

②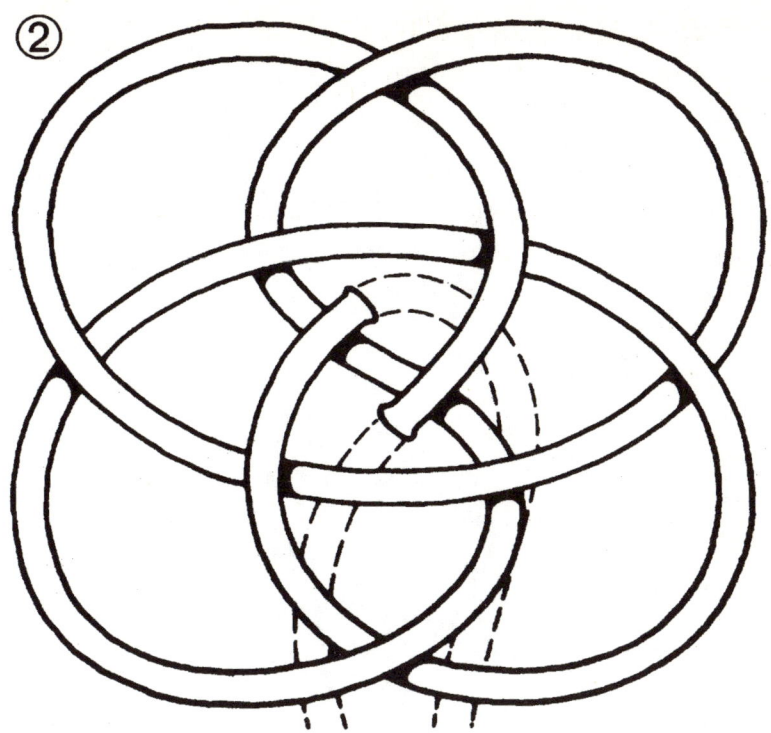

③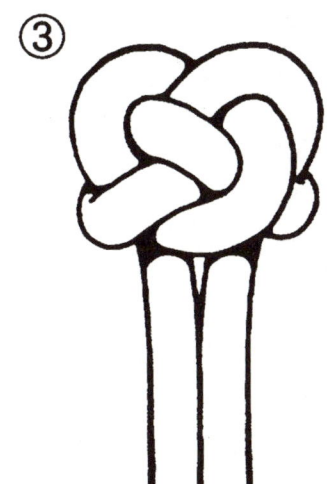

Ansicht von oben

KNOPFKNOTEN

Chinesischer Knopf
Bordmesser-Bändsel-Methode

Dieser Knoten ist mit dem auf Seite 70 beschriebenen identisch. Doch manche Leute finden die hier verwendete Methode schneller und einfacher, vor allem wenn mehrere Knoten geknüpft werden. Die Methode stützt sich auf die Technik, die beim Binden eines Taljereepsknotens an der Hand (Seite 44) zum Einsatz kommt.

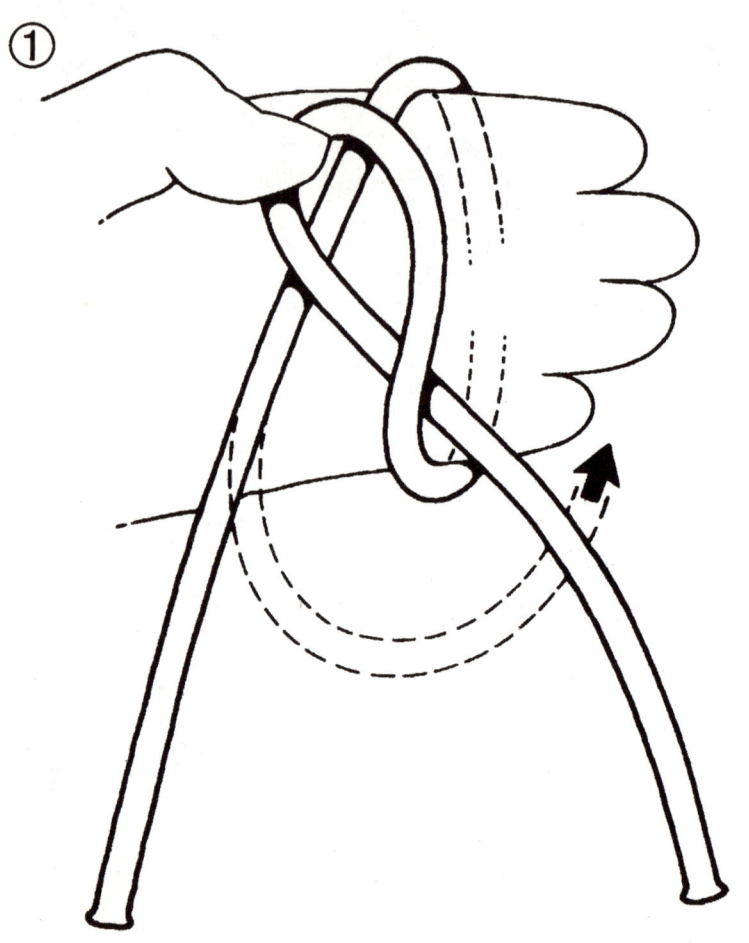

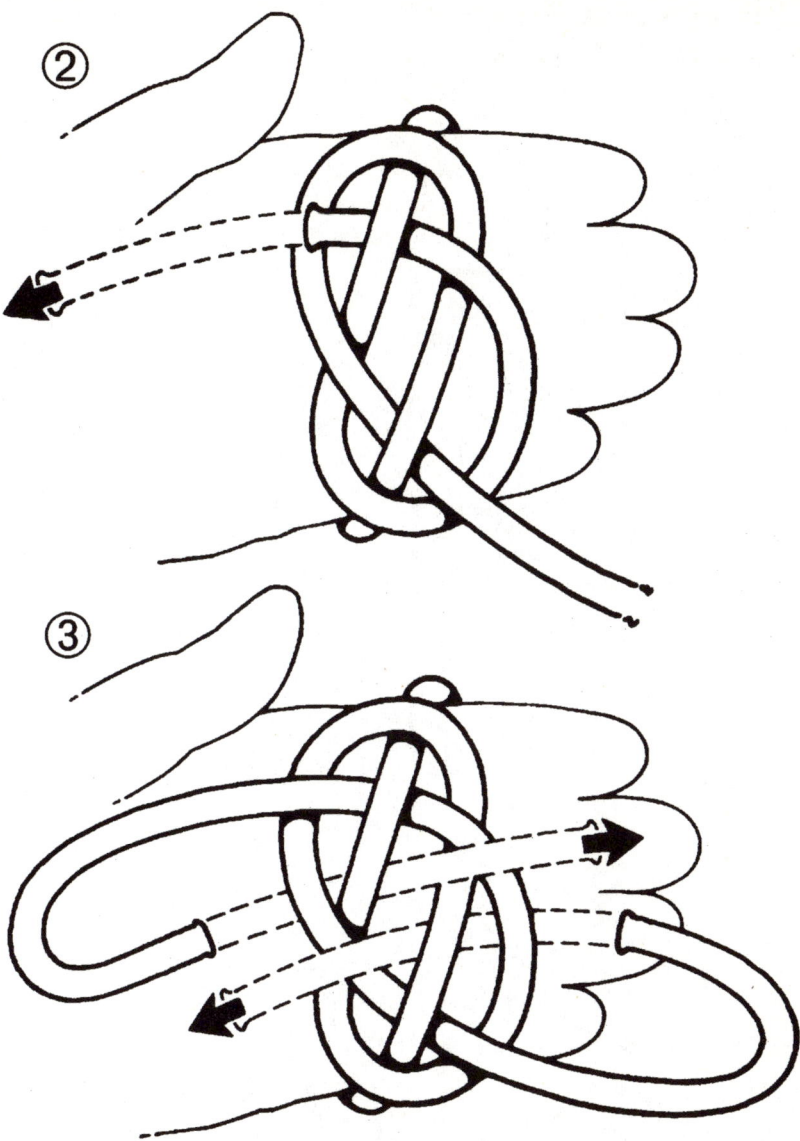

Nach dem Durchstechen der beiden Enden wird der Knoten von der Hand genommen und vollkommen gewendet. Dann legt man die beiden Enden zwischen die Mittelfinger (Schritt 4).

Fortsetzung Seite 78

KNOPFKNOTEN

Chinesischer Knopf: Bordmesser-Bändsel-Methode

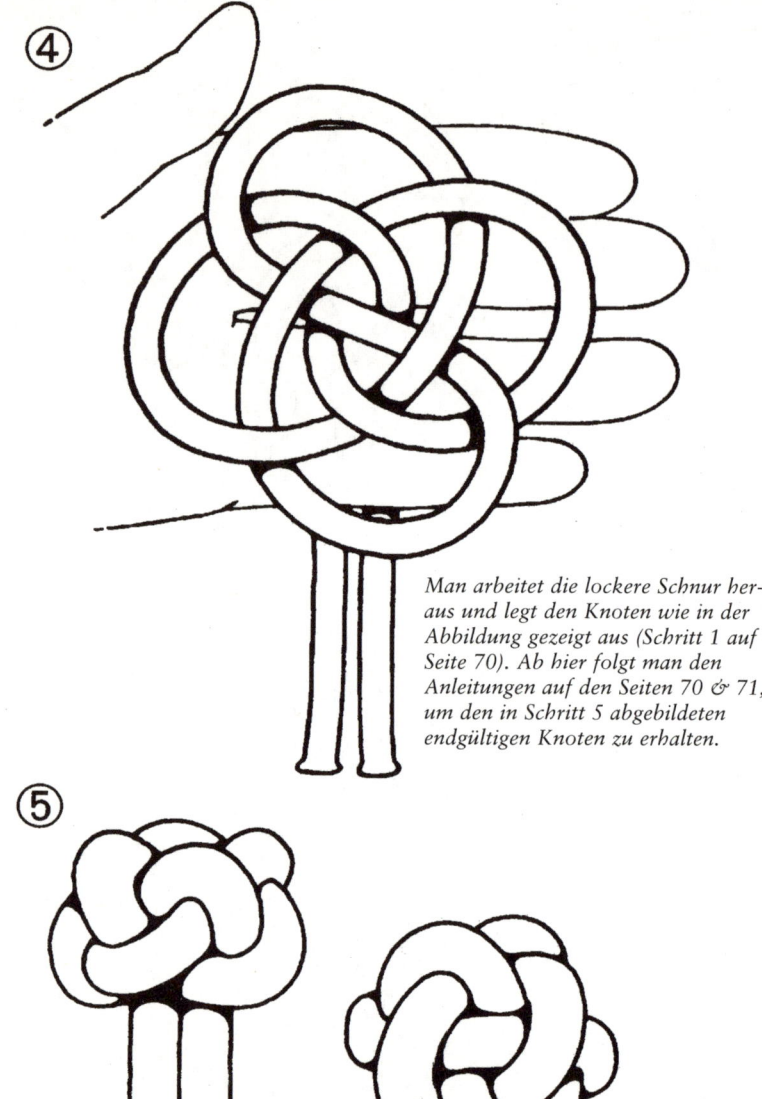

Man arbeitet die lockere Schnur heraus und legt den Knoten wie in der Abbildung gezeigt aus (Schritt 1 auf Seite 70). Ab hier folgt man den Anleitungen auf den Seiten 70 & 71, um den in Schritt 5 abgebildeten endgültigen Knoten zu erhalten.

Ansicht von oben

Affenfaustknoten

Die Affenfaust ist ein Schmuckknoten, der auch viele praktische Verwendungsmöglichkeiten hat. Am häufigsten wird dieser Knoten am Ende einer Hievleine verwendet. Dies ist eine Leine, die vom Boot ans Ufer oder zu einem anderen Schiff geworfen wird. Die Hievleine zieht eine schwerere Leine oder ein Seil nach sich, das dann zum Vertäuen des Boots verwendet wird. Um der Affenfaust mehr Gewicht zu verleihen, wird sie häufig um einen runden Gegenstand, wie eine schwere Kugel oder einen Stein, geknüpft. Kleinere Knoten können auch über Golfbällen oder Murmeln gebunden werden. Als Schmuckknoten bildet die Affenfaust einen dekorativen Abschluß für Kordeln und wird häufig als Griff für eine Zugschnur verwendet.

Affenfaust

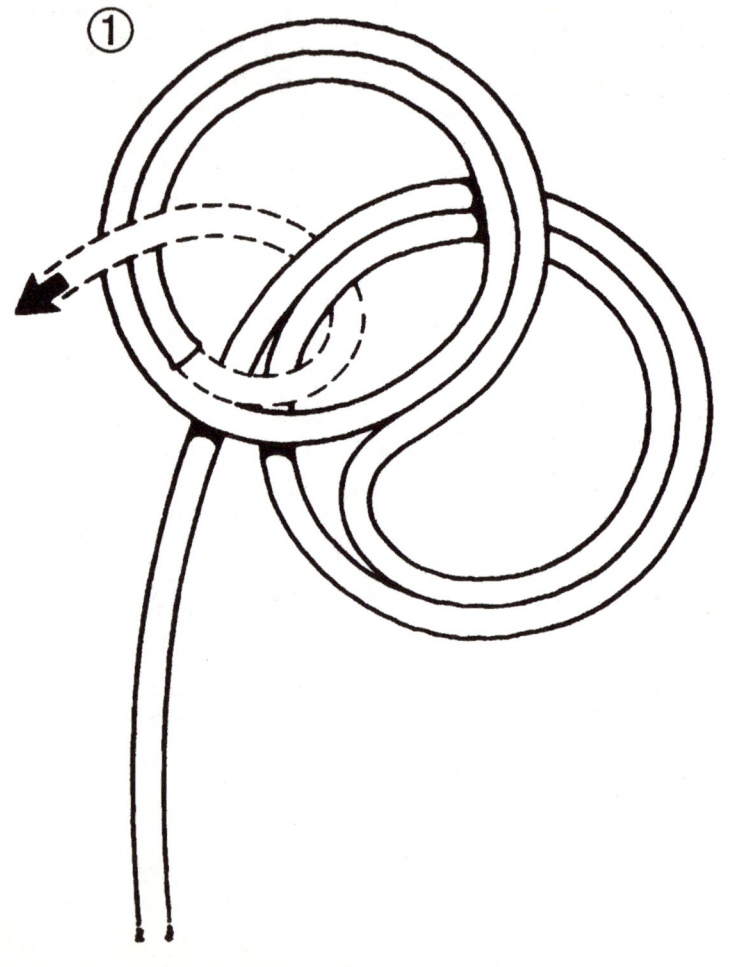

Affenfaust – Erste Methode

Bei der traditionellen Knüpfmethode der Affenfaust wird der Knoten mit zwei oder drei Strängen gebunden. Die Abbildung zeigt einen zweisträngigen Knoten. Doch die Knüpfanleitung für drei Stränge ist die gleiche. Falls notwendig, kann in Schritt 3 ein Gewicht oder eine Seele eingesetzt werden. Der Knoten muß sorgfältig und methodisch in seine endgültige symmetrische Form gebracht werden. Falls nur ein Kardeel erforderlich ist, kann das andere Kardeel um den Knoten gelegt und eingesteckt werden, so daß es nicht sichtbar ist.

①

②

Fortsetzung Seite 82

Affenfaust: Erste Methode

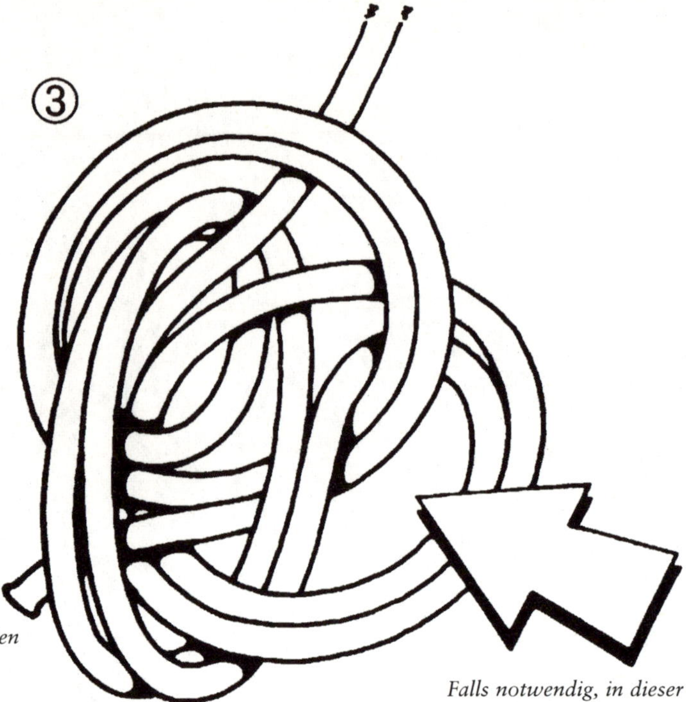

③

Ende in den
Knoten
stecken.

Falls notwendig, in dieser
Phase Gewicht oder Seele
einsetzen.

④

Affenfaust – Zweite Methode

Diese alternative Knüpftechnik für eine Affenfaust wird mit drei Strängen dargestellt. Beide Enden werden aus dem Knoten herausgeführt. Wie bei der ersten Methode kann dieser Knoten um ein Gewicht oder eine Seele gebunden werden.

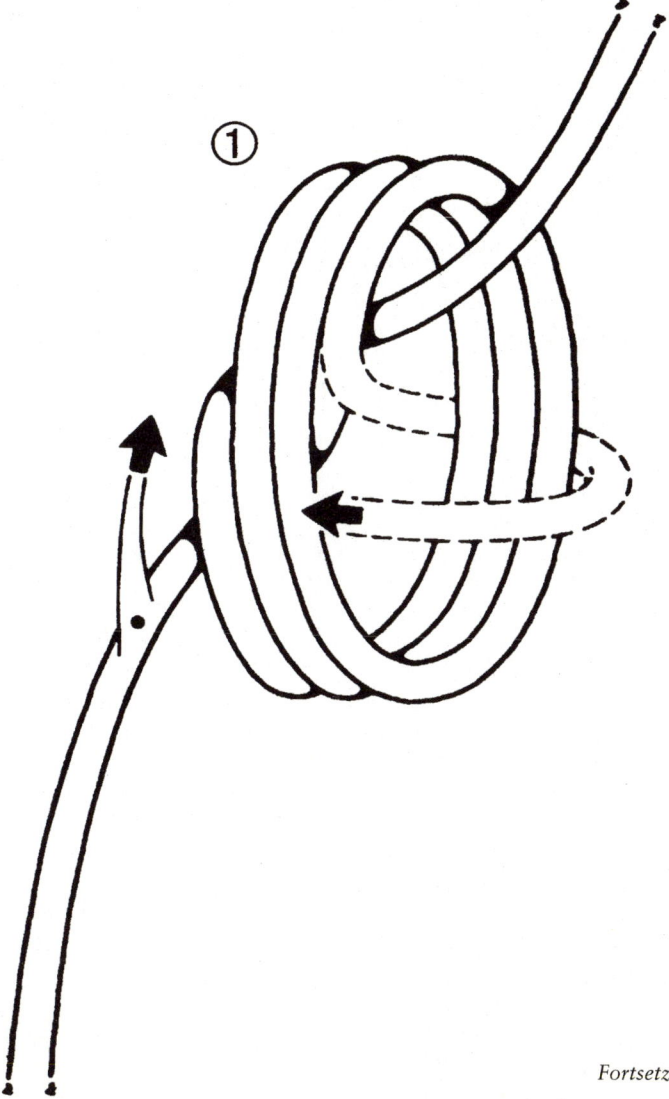

Fortsetzung Seite 84

Affenfaust: Zweite Methode

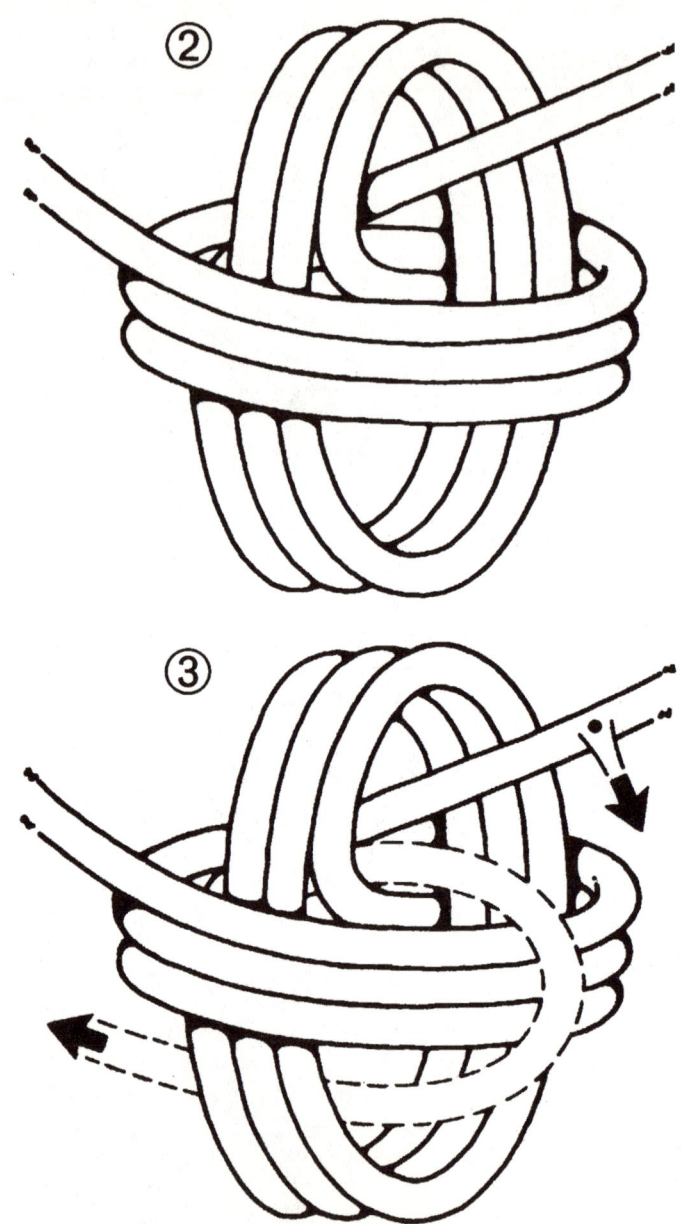

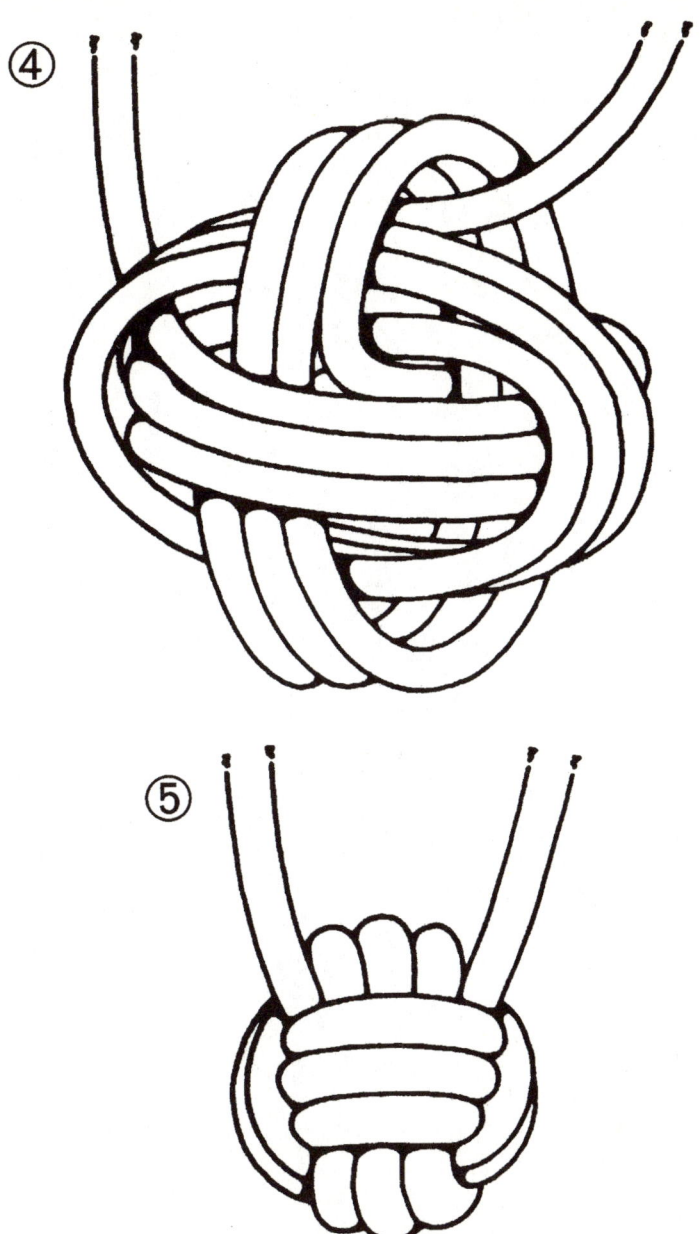

Affenfaust – Matrosenmethode

Diese dritte Alternative wurde lange Zeit von Matrosen bevorzugt. Der dreisträngige Knoten wird um die Finger gebunden. Falls ein Gewicht oder eine Seele erforderlich ist, kann der Knoten um einen kugelförmigen Gegenstand geknüpft werden. Ein Gummiball läßt die Leine im Wasser schwimmen.

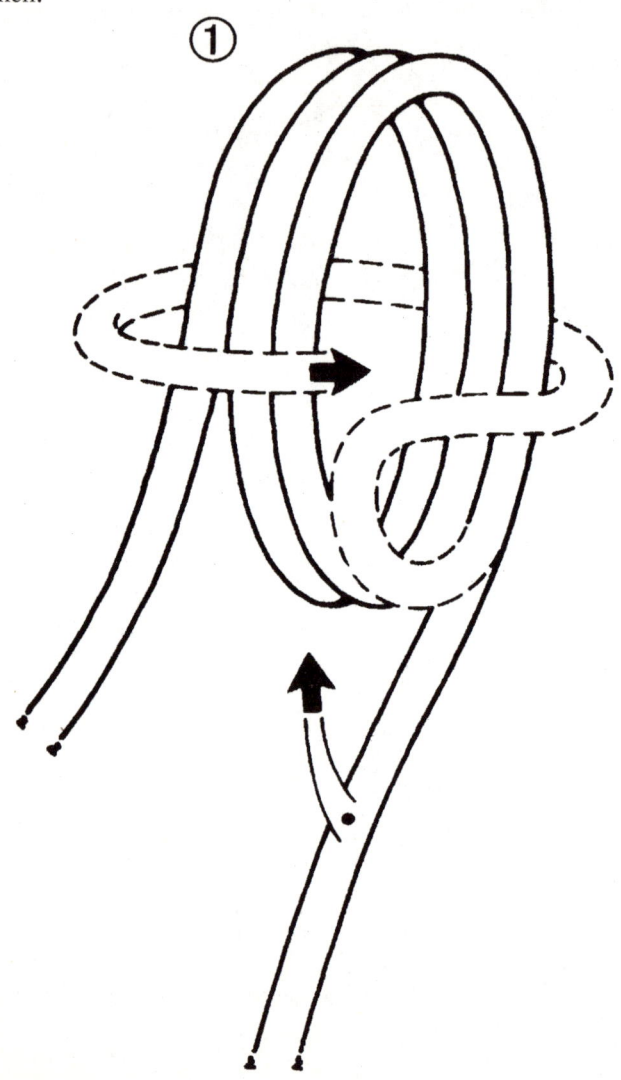

①

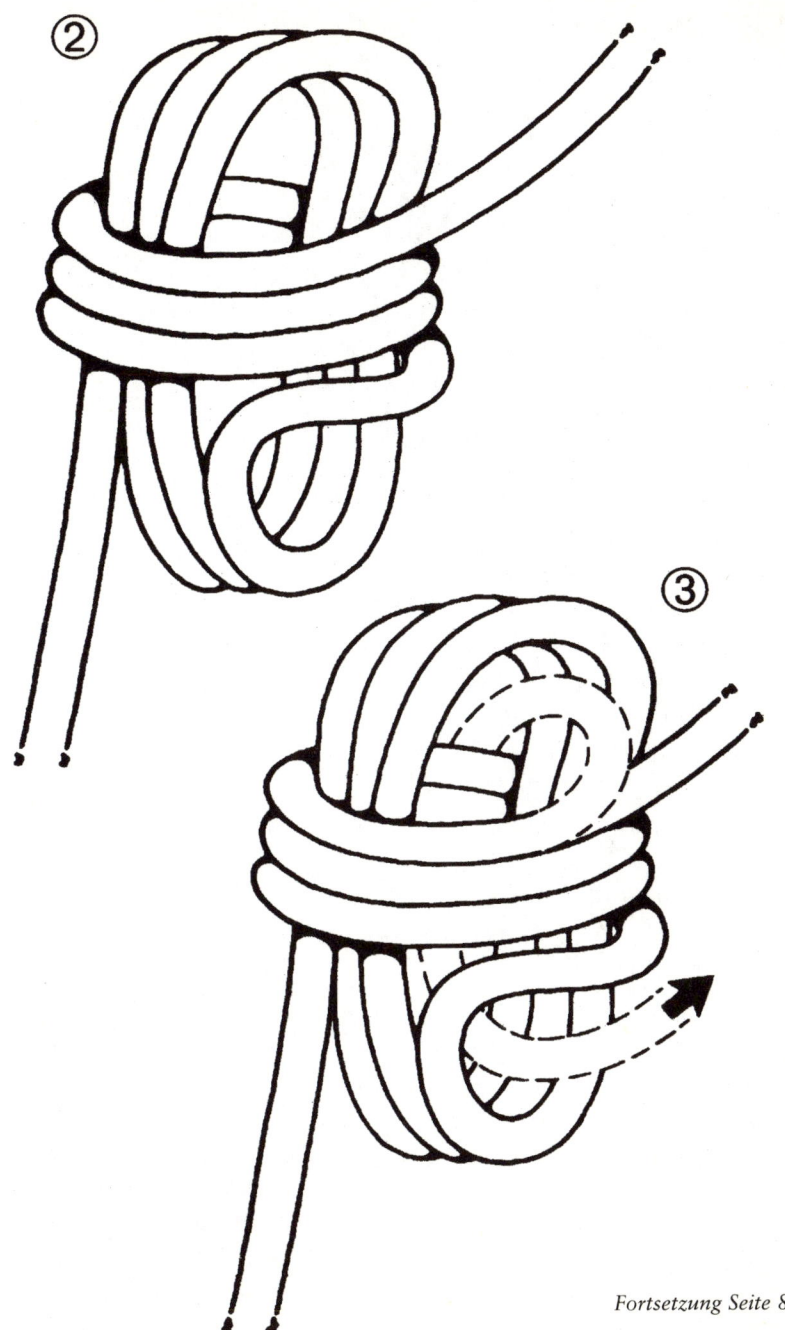

Fortsetzung Seite 88

Affenfaust: Matrosenmethode

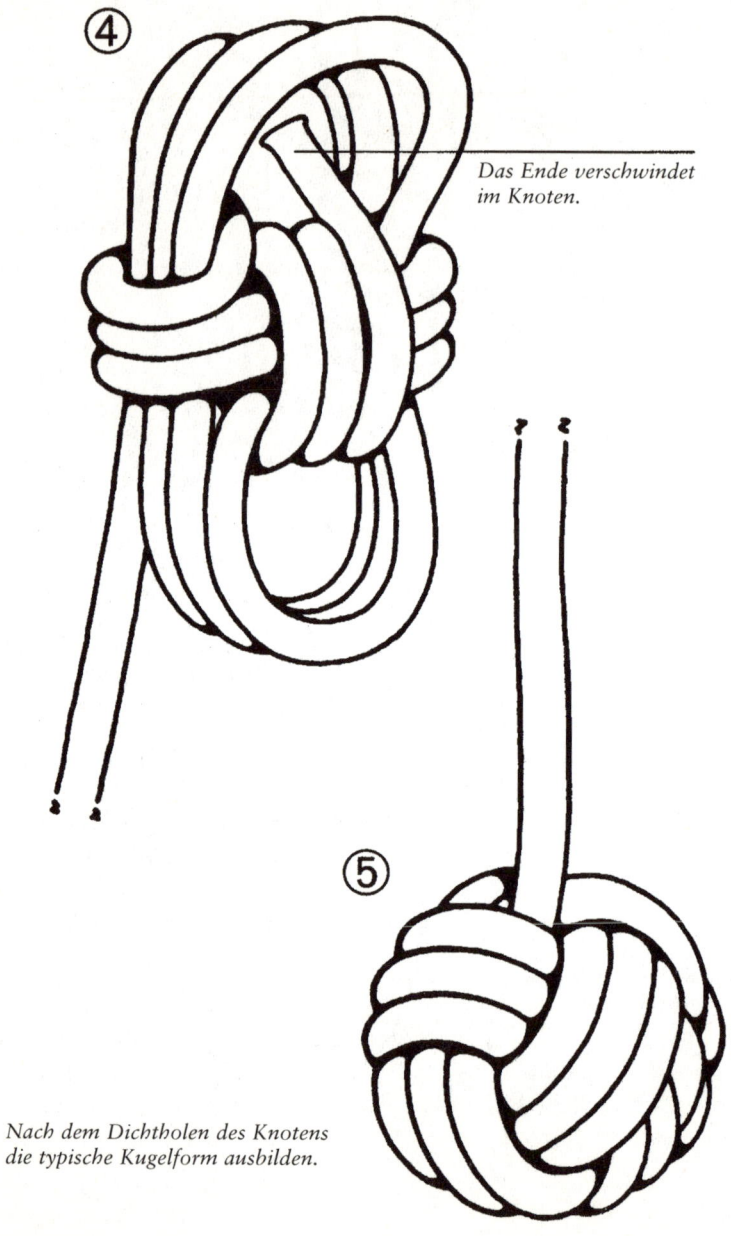

Das Ende verschwindet
im Knoten.

Nach dem Dichtholen des Knotens
die typische Kugelform ausbilden.

Türkische Bünde

Knoten in Form des Türkischen Bunds sind wegen ihrer dekorativen Wirkung schon lange beliebt. Leonardo da Vinci malte sie bereits im fünfzehnten Jahrhundert, und sie werden auch heute noch gerne verwendet. Gewöhnlich bindet man sie um zylindrische Gegenstände. Häufig dienen sie ausschließlich zur Dekoration, doch haben sie als Handgriffe oder Serviettenringe auch eine praktische Funktion. Der Türkische Bund kennt viele Varianten. Dieses Kapitel beschreibt die gebräuchlichsten. Die Anfangsphasen des Türkischen Bunds werden mit einem einkardeeligen Band oder Seil um die Finger oder an der Hand gebunden. Danach schließt man den Knoten um einen zylindrischen Gegenstand gewickelt ab.

Türkischer Bund mit vier Führungen & drei Buchten

Türkischer Bund mit drei Führungen & vier Buchten

Ein einkardeeliger Türkischer Bund kann auf viele verschiedene Arten geknüpft werden, die jeweils zu unterschiedlich großen Knoten führen. Die Größe dieses Knotens wird durch den Zusatz »drei Führungen & vier Buchten« angegeben. Der Begriff »Führung« bezieht sich auf die Anzahl der ausgebildeten Bögen. Der Knoten wird anfangs an der Hand gebunden (Schritt 1) und vor der Ausführung der Schritte 2, 3 & 4 abgenommen. Dann wird der Knoten am gewählten Gegenstand angelegt und abgeschlossen. Um den fertigen kompakten Knoten aus Schritt 6 zu erhalten, muß die lockere Schnur herausgearbeitet werden. Dies geschieht langsam, indem man an einem Ende der Schnur beginnt und direkt durch den Knoten hindurch bis zum anderen Ende fortfährt. Hierbei kann eine Flachzange hilfreich sein.

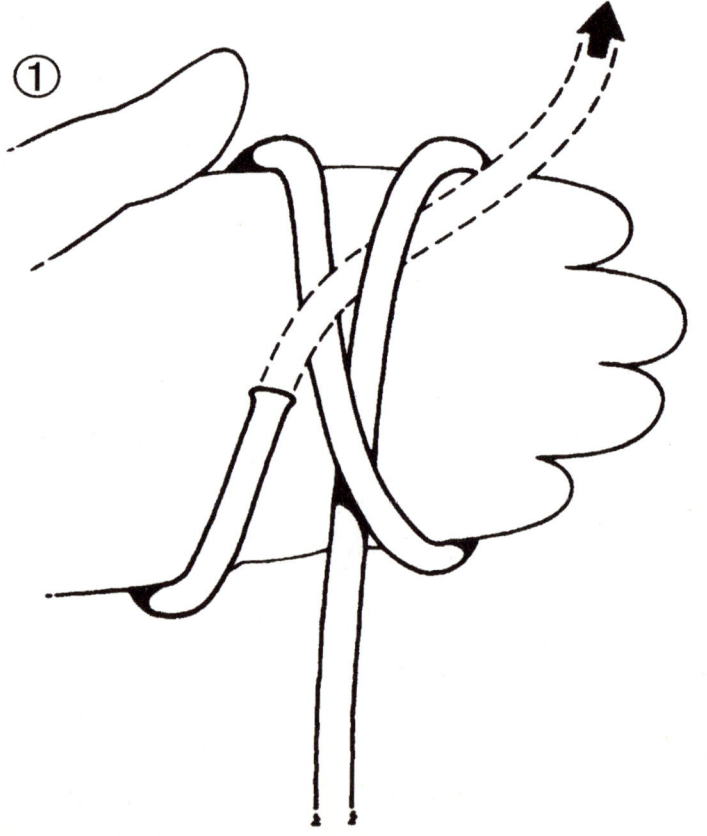

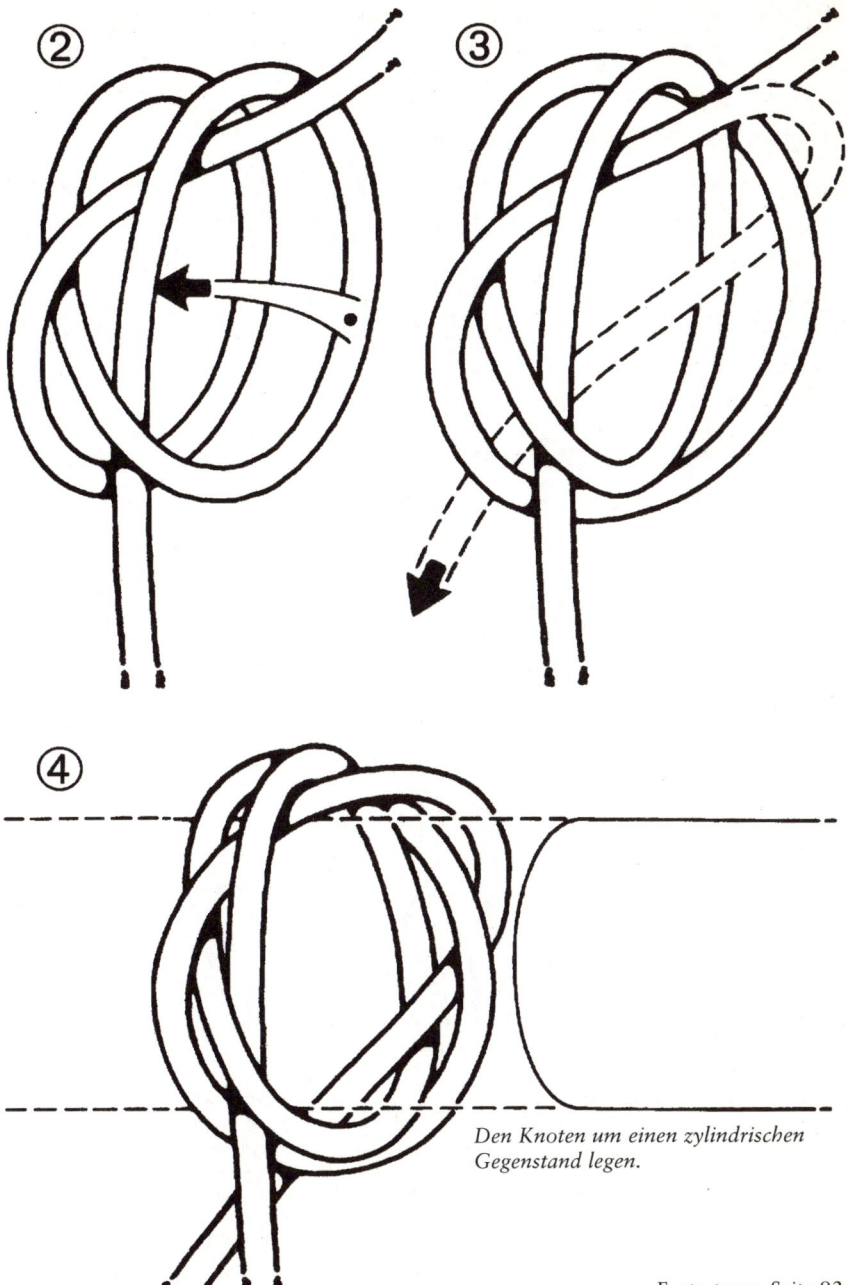

② ③ ④

Den Knoten um einen zylindrischen Gegenstand legen.

Fortsetzung Seite 92

TÜRKISCHE BÜNDE

Türkischer Bund mit drei Führungen & vier Buchten

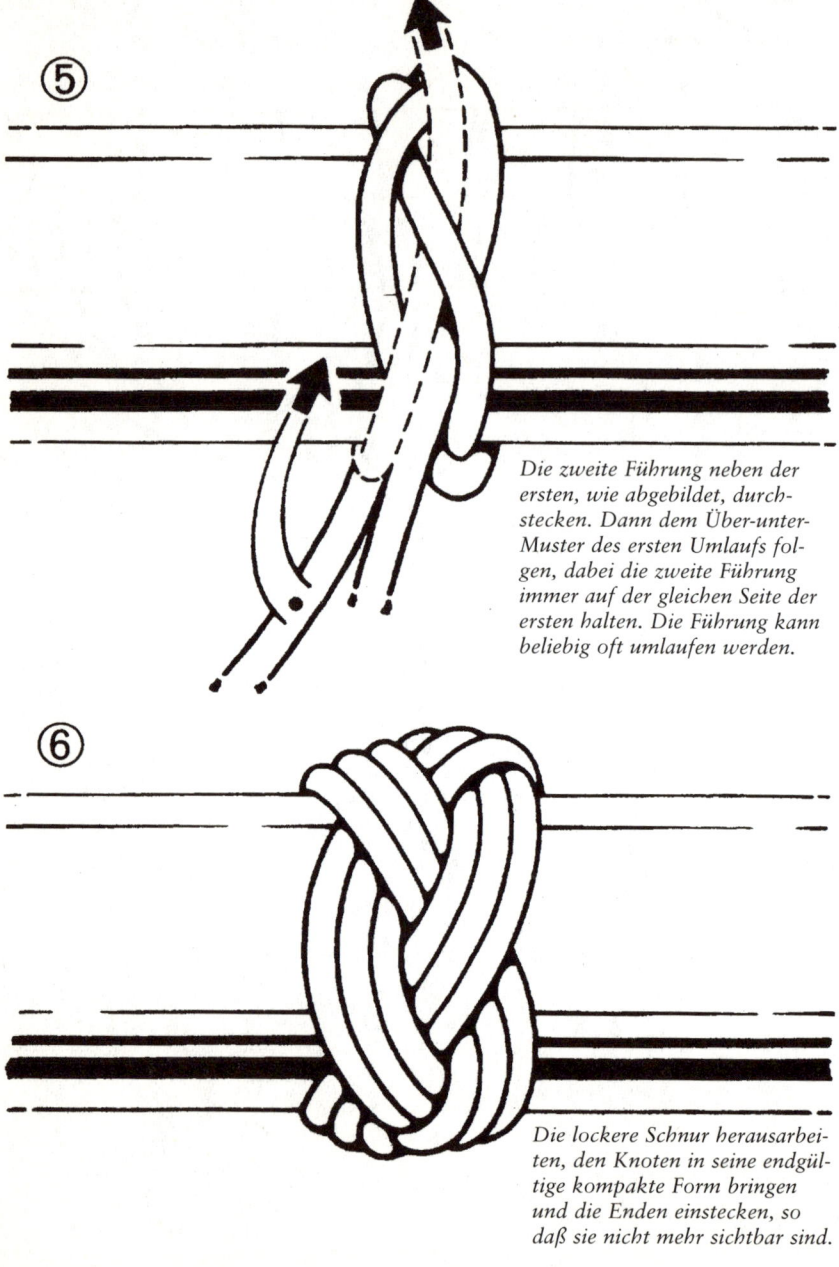

⑤

Die zweite Führung neben der ersten, wie abgebildet, durchstecken. Dann dem Über-unter-Muster des ersten Umlaufs folgen, dabei die zweite Führung immer auf der gleichen Seite der ersten halten. Die Führung kann beliebig oft umlaufen werden.

⑥

Die lockere Schnur herausarbeiten, den Knoten in seine endgültige kompakte Form bringen und die Enden einstecken, so daß sie nicht mehr sichtbar sind.

Türkischer Bund mit drei Führungen & fünf Buchten

Diese Methode zeigt, wie man einen Türkischen Bund mit drei Führungen und fünf Buchten als Flachknoten knüpft. In dieser Form kann der Knoten zur Herstellung von Matten oder Untersetzern dienen. Gewendet und über einem zylindrischen Gegenstand angebracht, eignet er sich als dekorativer Überzug.

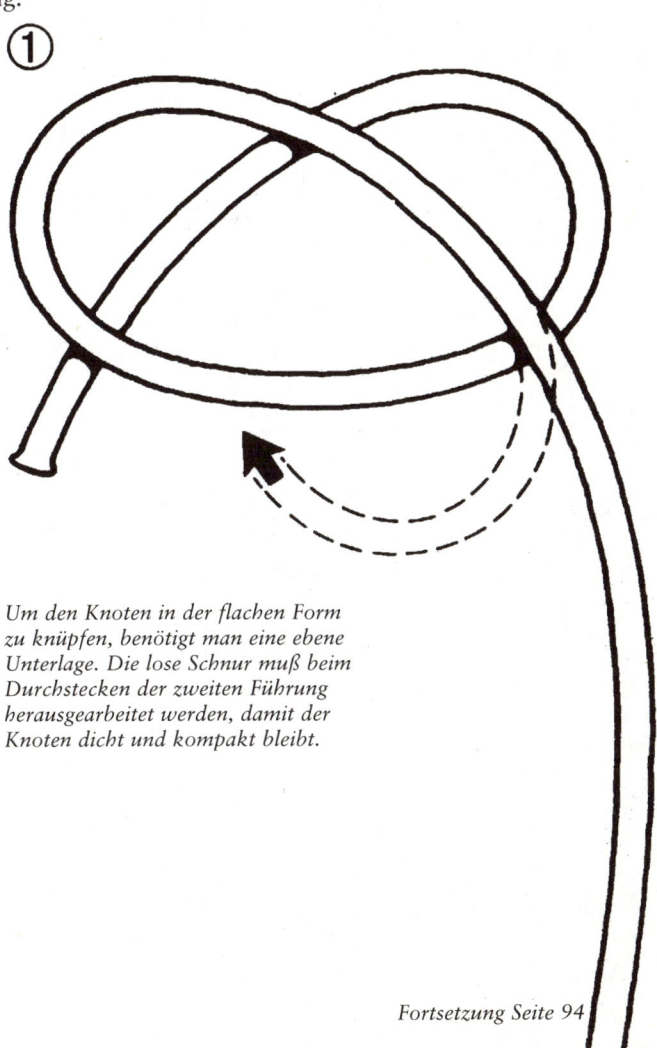

Um den Knoten in der flachen Form zu knüpfen, benötigt man eine ebene Unterlage. Die lose Schnur muß beim Durchstecken der zweiten Führung herausgearbeitet werden, damit der Knoten dicht und kompakt bleibt.

Fortsetzung Seite 94

Türkischer Bund mit drei Führungen & fünf Buchten

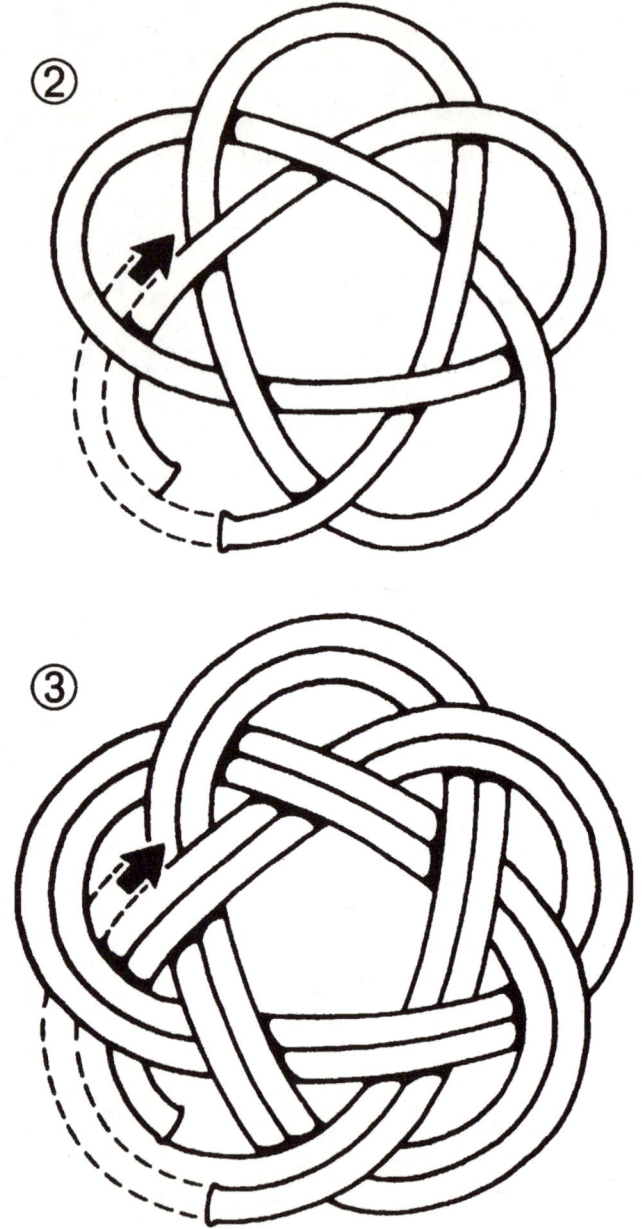

④

Die erste Führung kann von der zweiten beliebig oft umlaufen werden. Die zweite Führung immer auf der gleichen Seite der ersten (also der Führung, die das Muster bildet) halten und die Enden sorgfältig einstecken, damit sie nicht zu sehen sind.

Türkischer Bund mit vier Führungen & drei Buchten

Um Schritt 1 der Variante mit vier Führungen und drei Buchten zu erhalten, geht man genauso wie beim Knüpfen eines Bordmesser-Bändselknotens an der Hand vor (Seite 44). Man setzt Zeigefinger und Daumen
(Schritt 2) ein und bildet eine lose Form des Knotens, bevor man ihn auf
dem gewählten Gegenstand anbringt (Schritt 3). Der Knoten wird abgeschlossen, indem man der Anleitung für den Türkischen Bund mit drei
Führungen & vier Buchten (Seite 92) folgt.

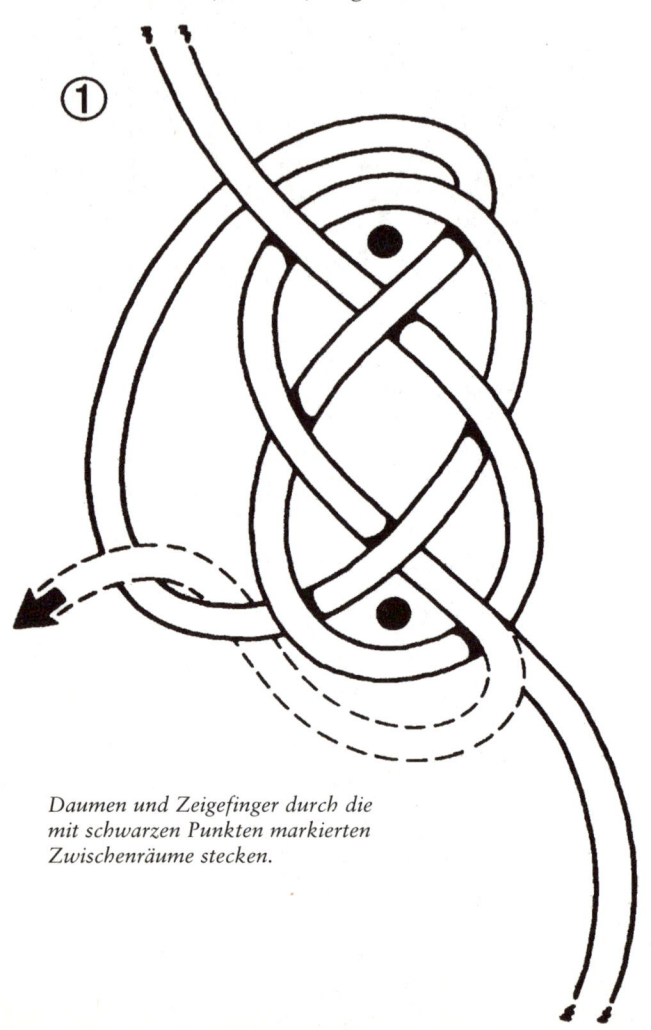

*Daumen und Zeigefinger durch die
mit schwarzen Punkten markierten
Zwischenräume stecken.*

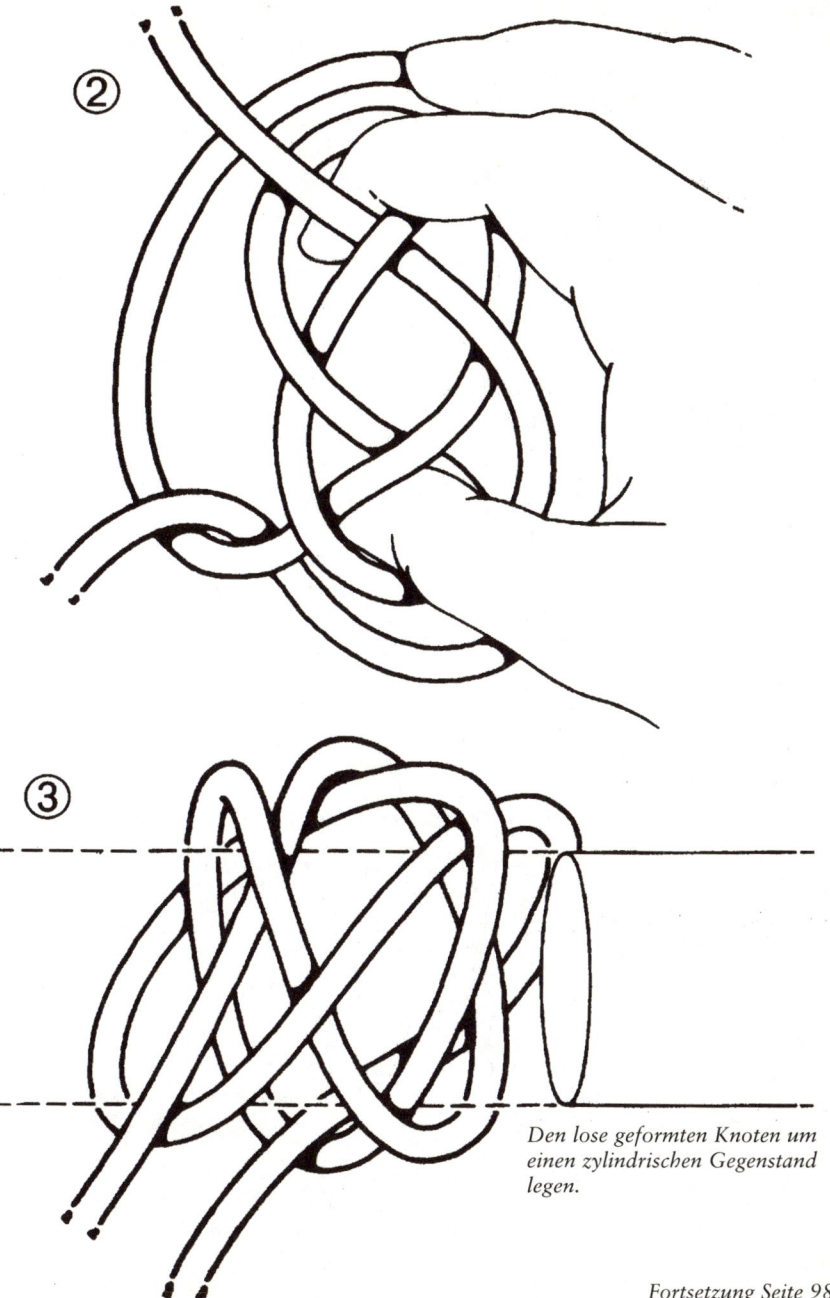

TÜRKISCHE BÜNDE

Den lose geformten Knoten um einen zylindrischen Gegenstand legen.

Fortsetzung Seite 98

Türkischer Bund mit vier Führungen & drei Buchten

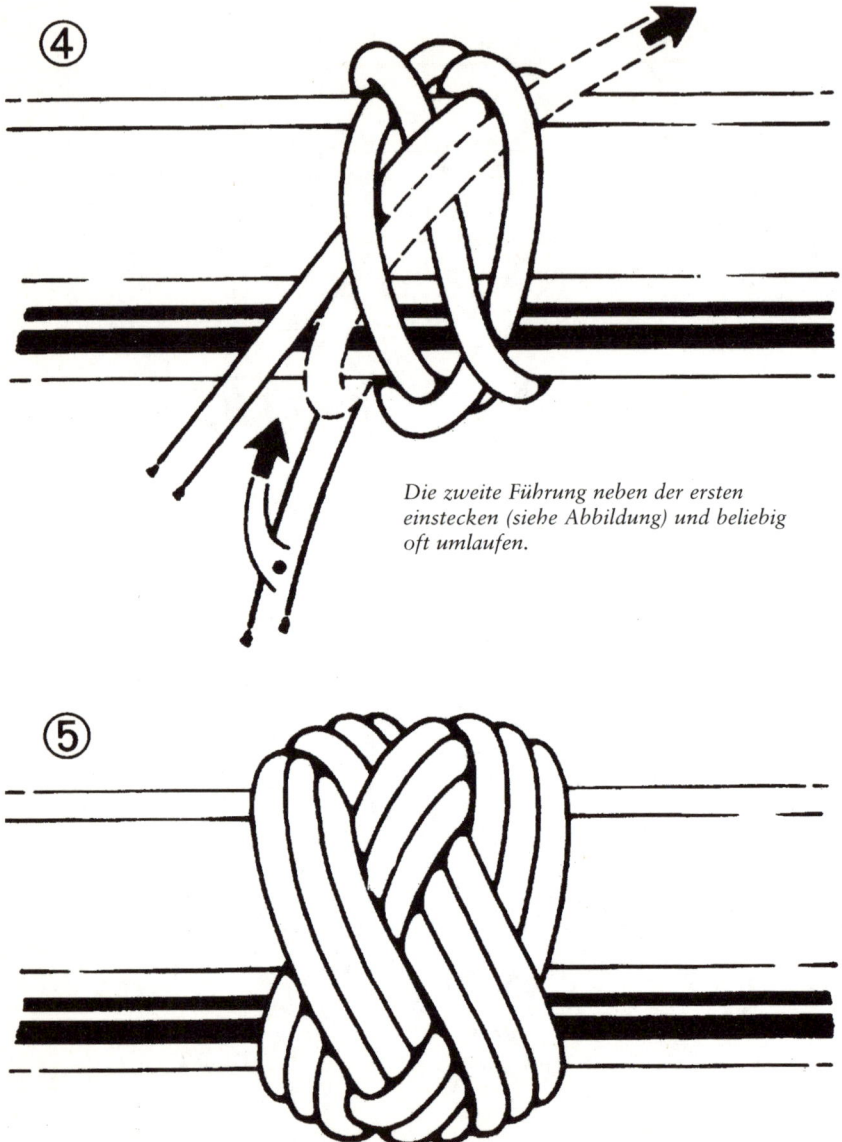

④

Die zweite Führung neben der ersten einstecken (siehe Abbildung) und beliebig oft umlaufen.

⑤

Plattings

Plattings bestehen aus einem oder mehreren miteinander verflochtenen Kardeelen, die aus verschiedenen Materialien geknüpft werden können. Ihre dekorativen Anwendungen reichen von Gürteln und Armbändern bis zu Zöpfen. Man unterscheidet drei verschiedene Arten von Plattings: Flechtplatting, Kettenplatting und Kronenplatting. Innerhalb dieser Gruppen gibt es viele Abwandlungen. Dieses Kapitel beschreibt die hübschesten und gebräuchlichsten Varianten.

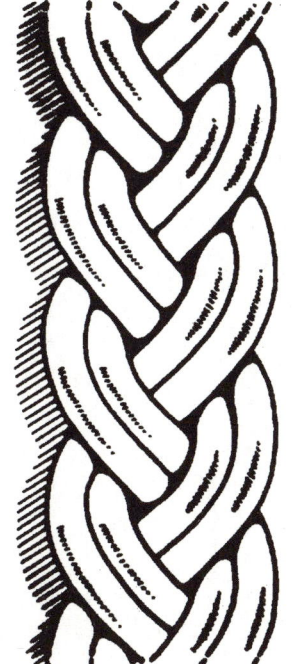

Doppelte Flach-platting

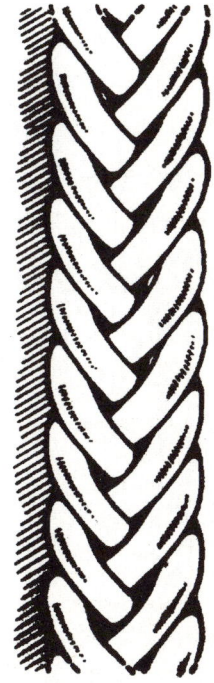

Platting mit fünf Kardeelen

Flachplatting

Diese einfache, dreikardeelige Flechtplatting wird auch Englische Platting genannt. Sie kennt zahllose dekorative Anwendungen. Am häufigsten wird sie zweifellos zum Flechten von Haarzöpfen verwendet. Die drei Kardeele auslegen (Schritt 1). Falls notwendig, mit einer Klemme gerade halten. Man knüpft, indem man die äußeren Kardeele abwechselnd über das Mittelkardeel kreuzt; man beginnt mit dem rechten Kardeel (Schritt 2), dann folgt das linke Kardeel (Schritt 3). Dieser Vorgang wird wiederholt (Schritte 4 & 5), bis die Platting die gewünschte Länge hat. Um die in Schritt 6 abgebildete ordentliche, kompakte Platting zu erhalten, muß der Zopf bei jedem Schritt dichtgeholt und sorgfältig ausgelegt werden. Plattings können auf verschiedene Arten abgeschlossen werden. Die gewählte Methode hängt vom Verwendungszweck ab. Am einfachsten ist es, das Ende mit einem dünnen Faden, einer Schnur oder einem Gummiband zu versorgen und einen eventuellen Überstand abzuschneiden.

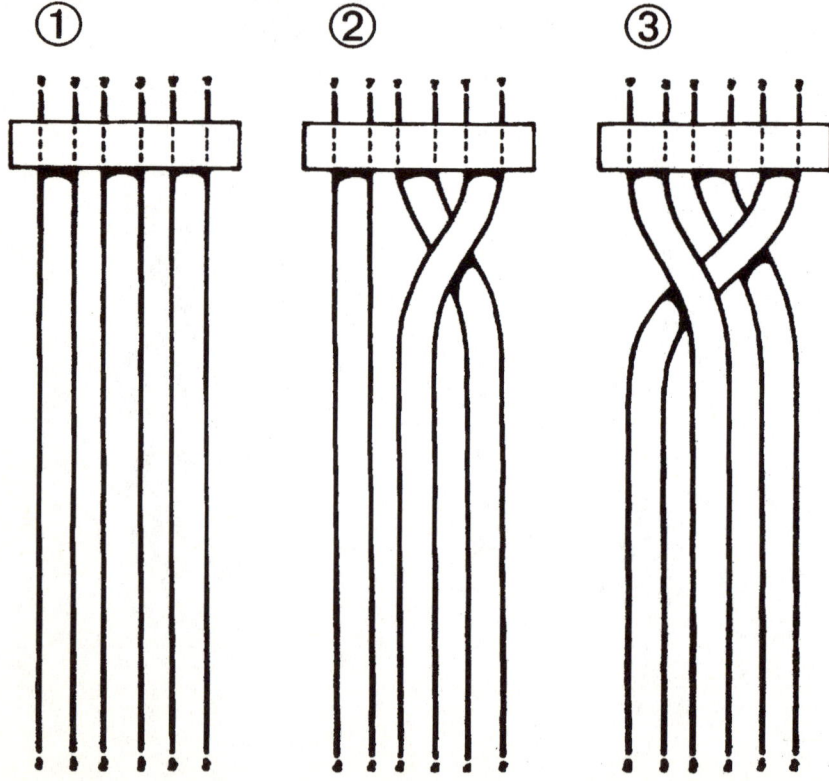

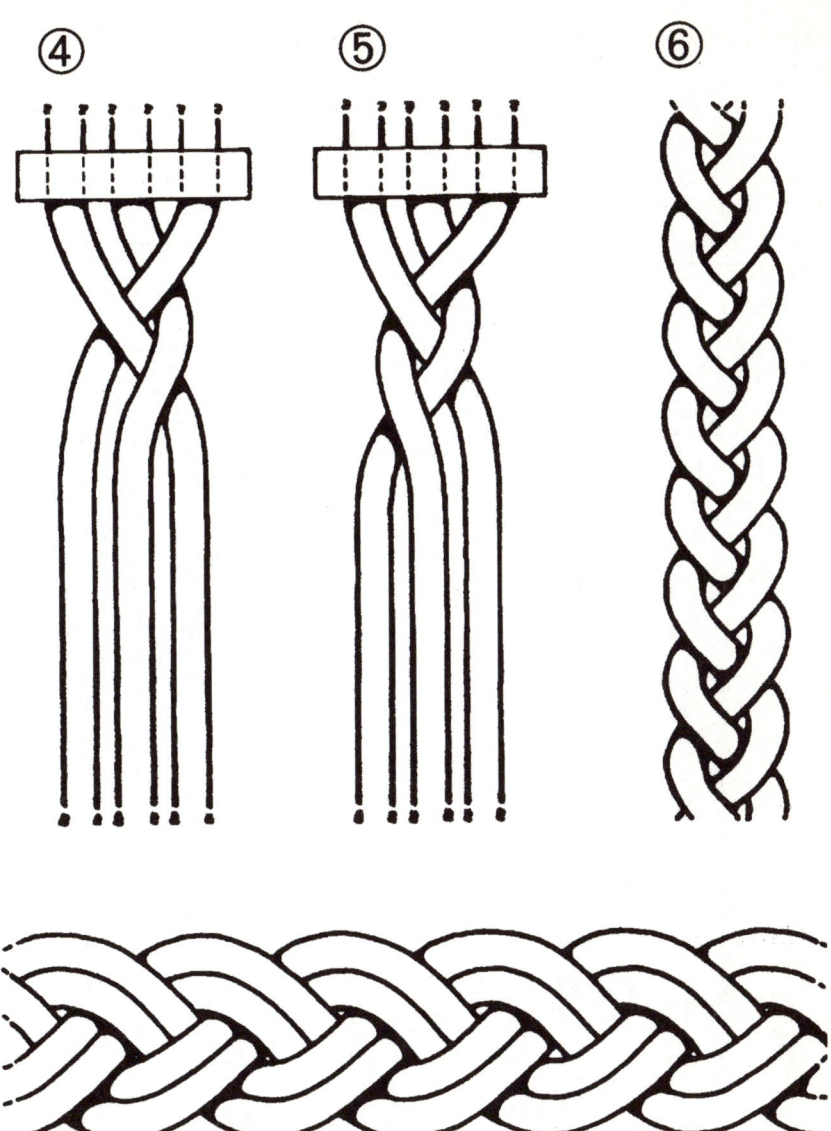

④　⑤　⑥

PLATTINGS

Diese attraktive Variante der Flachplatting entsteht durch Verdoppelung der Kardeele. Man verwendet sechs Kardeele, die zu drei Paaren geordnet und dann entsprechend der Anleitung geflochten werden.

Vierkardeelige Platting

Diese hübsche vierkardeelige Platting entsteht, indem man immer mit dem auf der rechten Seite liegenden Kardeel (Schritt 1) flicht. Man bewegt nur das rechte Kardeel (Schritte 2 & 3), bis die Platting die gewünschte Länge hat. Um das in Schritt 4 abgebildete Endergebnis zu erhalten, muß die Platting bei jedem Schritt dichtgeholt und sorgsam ausgelegt werden.

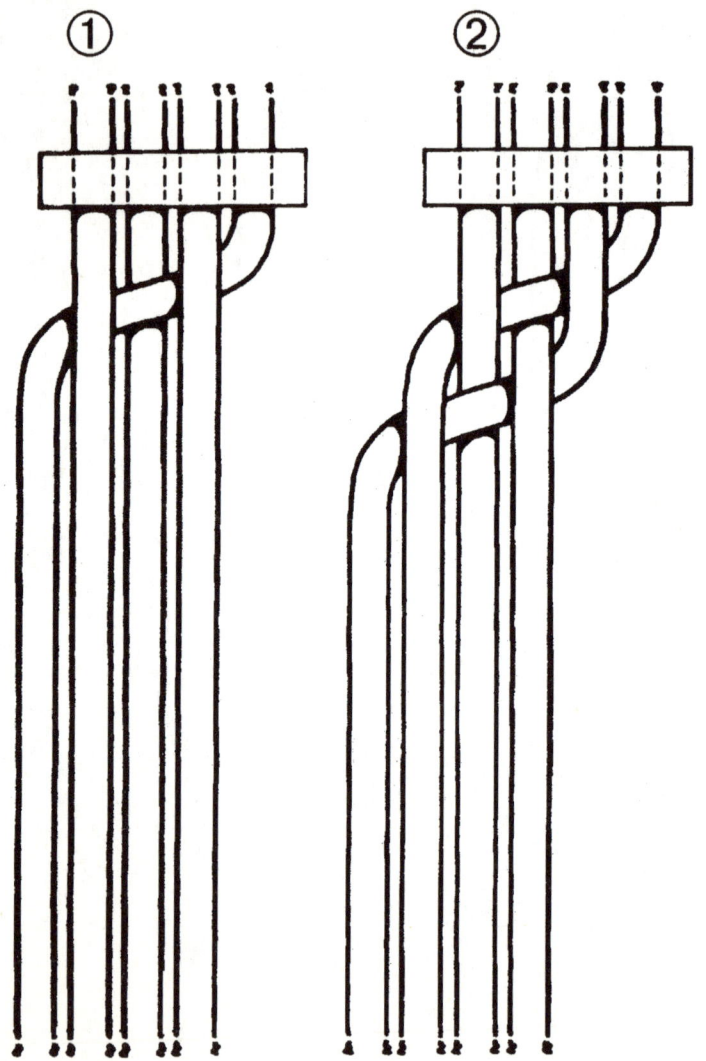

PLATTINGS

③ ④

Vierkardeelige Flechtplatting

Diese vierkardeelige Platting ist ein hervorragendes Beispiel für die interessanten Variationsmöglichkeiten. Der Schmuckzopf entsteht, indem man nur ein Kardeel durch die anderen drei wirkt. Man legt die vier Kardeele aus, wobei das rechte Kardeel eingeflochten wird (Schritt 1). Dann flicht man dieses Kardeel weiter ein (Schritte 2 & 3). Das in Schritt 4 abgebildete Ergebnis erhält man, indem man die Platting bei jedem Flechtvorgang dichtholt und sorgsam auslegt.

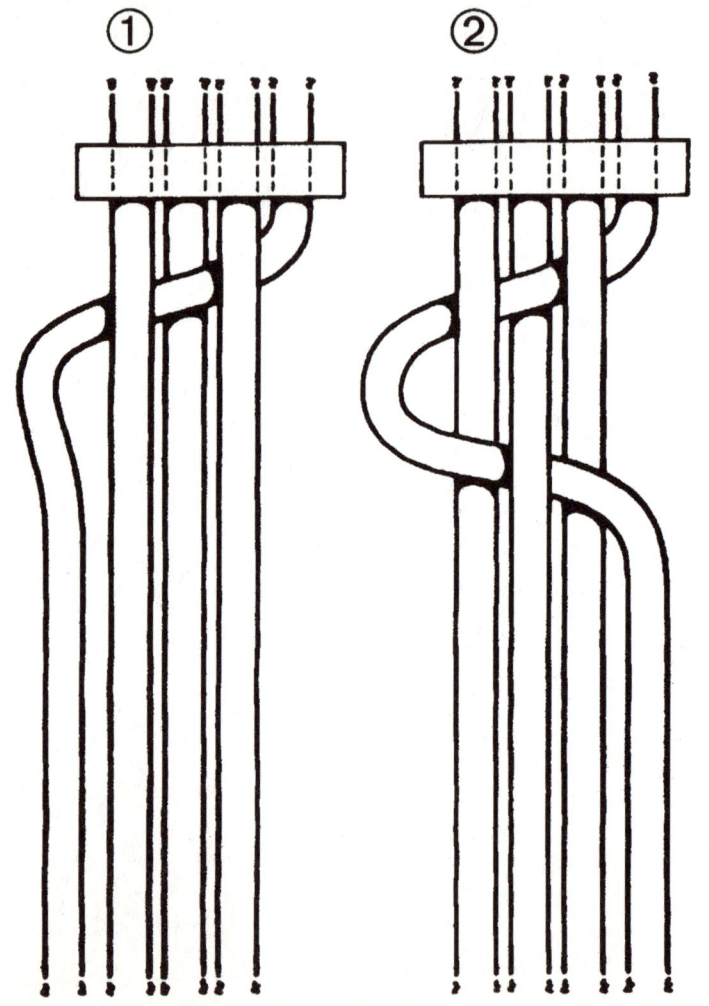

① ②

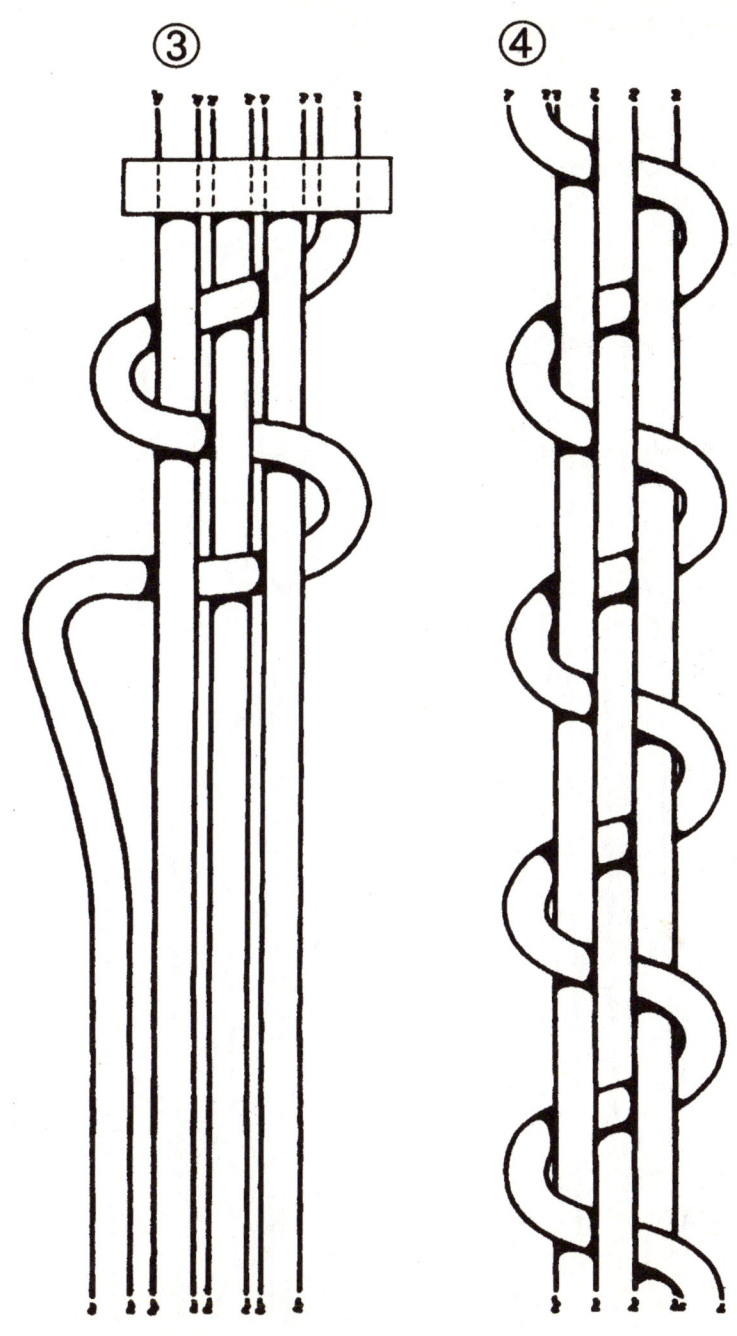

③ ④

Fünfkardeelige Platting

Die Knüpfmethode dieser fünfkardeeligen Platting ist mit der Technik für die Flachplatting (Seite 100) fast identisch. Der einzige Unterschied besteht darin, daß die äußeren Kardeele zwei Kardeele anstatt lediglich eines kreuzen. Man erzielt das beste Resultat, indem man die Platting während des Knüpfens regelmäßig dichtholt.

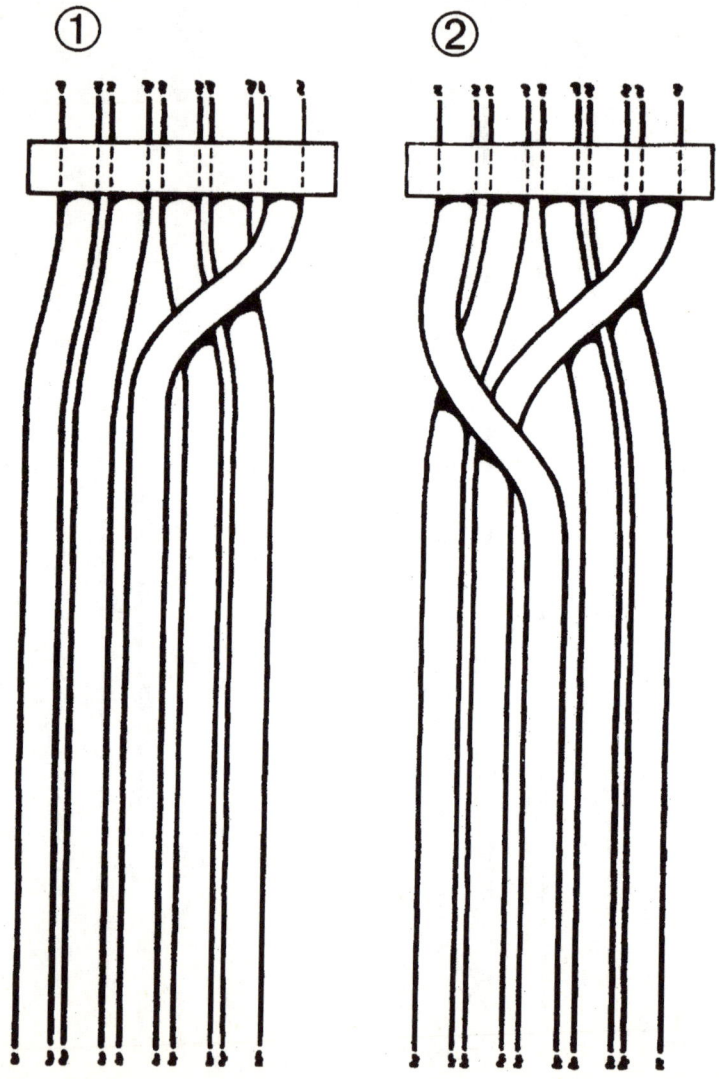

③

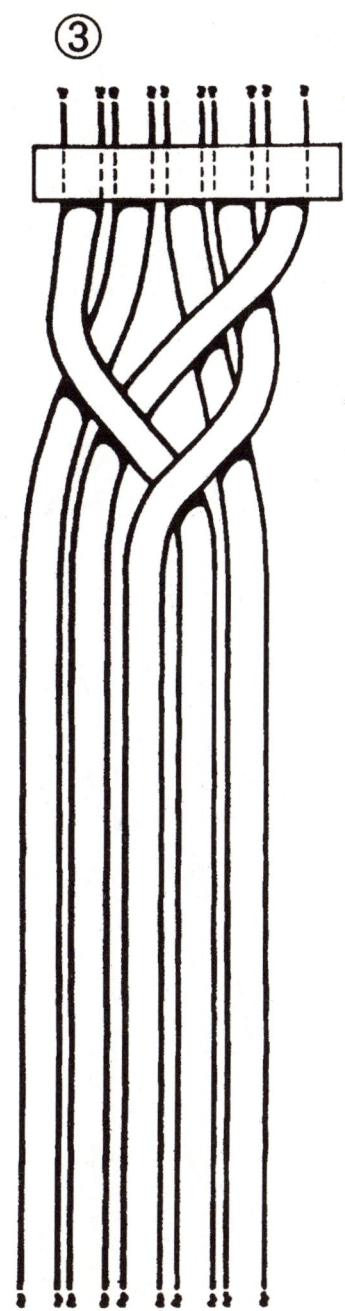

④

Kettenplatting

Kettenplattings bestehen aus einem oder mehreren Kardeelen, die zu laufenden Schlaufen geformt und durchgesteckt werden. Das hier abgebildete einkardeelige Beispiel ist am gebräuchlichsten und auch als Affenkette, Affenzopf, Trompetenschnur oder Trommlerplatting bekannt. Sie ist häufig bei Goldlitzen an Ausgehuniformen zu sehen und stellt eine ausgezeichnete Methode dar, um Bänder oder Kordeln auf hübsche Weise zu verkürzen. Diese Platting zeichnet sich durch eine weitere interessante Eigenschaft aus – sie verleiht einem Stück Seil oder Schnur Elastizität.

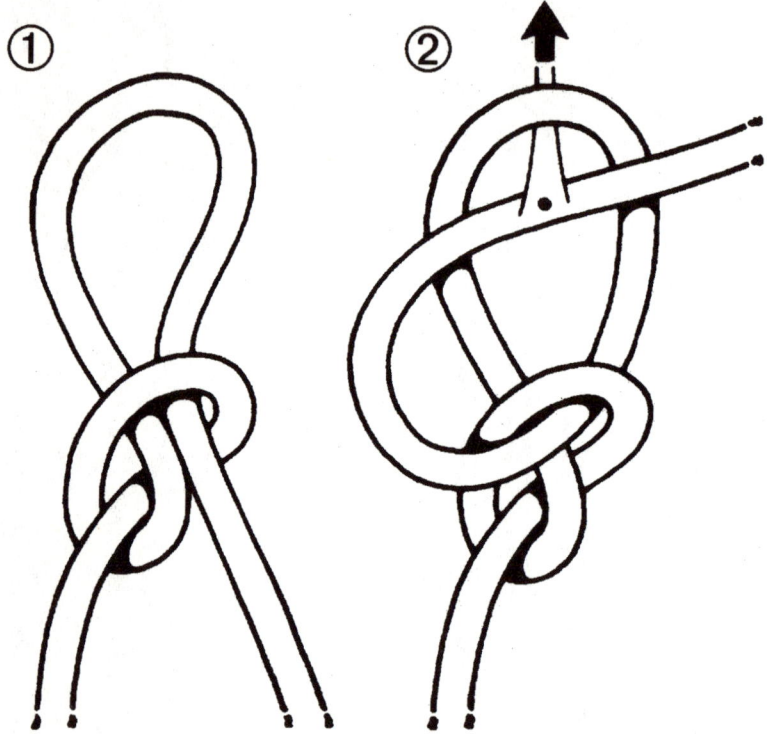

Die Schnur auslegen (Schritt 1) und die erste Schlaufe durchstecken (Schritt 2).

③ ④

Weitere Schlaufen ausbilden und durchstecken, bis die Platting die gewünschte
Länge hat. Am hübschesten ist das Ergebnis, wenn man die Platting bei jedem
Schritt des Knüpfvorgangs dichtholt und
sorgsam auslegt. Zum Schluß führt man
das lose Ende durch die letzte Schlaufe
und zieht die Platting fest (Schritt 4).

Kronenplatting

Wie der Name schon sagt, entsteht die Kronenplatting durch »Krönen« (Seite 62). Jedes Kardeel wird regelmäßig über das danebenliegende Kardeel geführt und unter die Bucht des anderen gesteckt. Eine beliebige Anzahl von Kardeelen kann Verwendung finden. Das hier abgebildete Beispiel zeigt drei Kardeele. Die Knüpftechnik für Plattings mit mehr Kardeelen ist dieselbe. Die Kronenplatting eignet sich zum Flechten von Schnüren und als dekorativer Bezug für zylindrische Gegenstände. Eine gelungene Kronenplatting ist das Ergebnis eines methodischen Knüpfvorgangs und eines gleichmäßigen Dichtholens der Kronen.

Drei Kardeele mit einer dünnen Schnur oder einem Gummiband zusammenfassen oder alle drei Kardeele mit einem einfachen Überhandknoten verknüpfen.

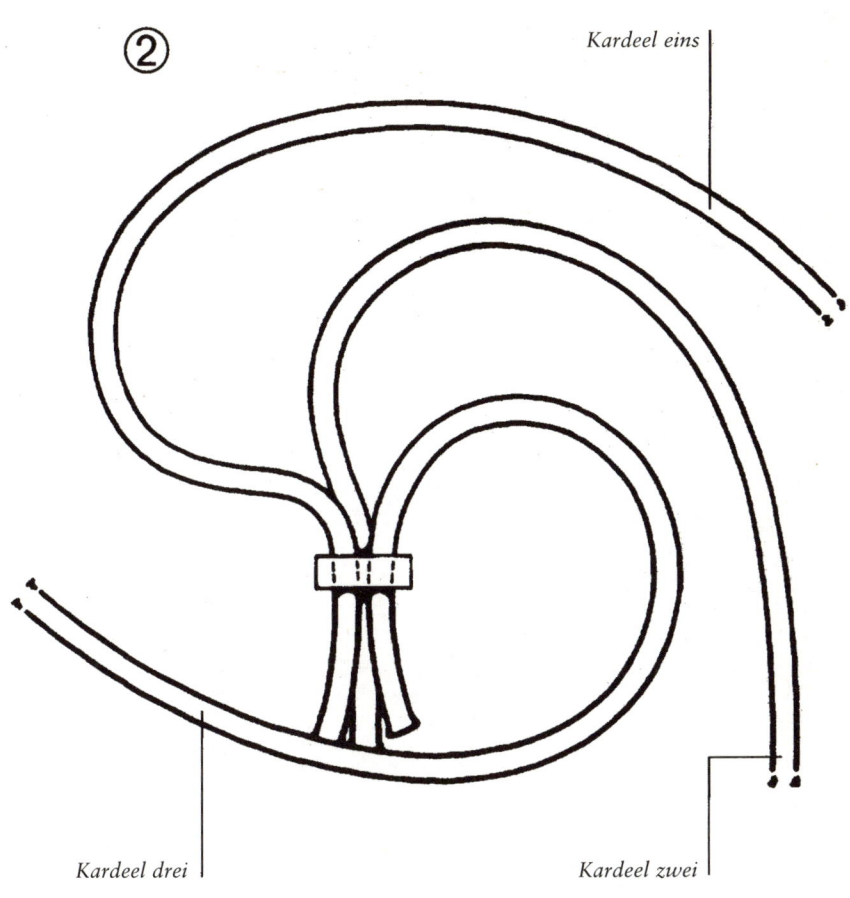

② Kardeel eins

Kardeel drei

Kardeel zwei

Die drei Kardeele wie abgebildet auslegen, bevor man mit dem Krönen beginnt.

PLATTINGS

Fortsetzung Seite 112

PLATTINGS

Kronenplatting

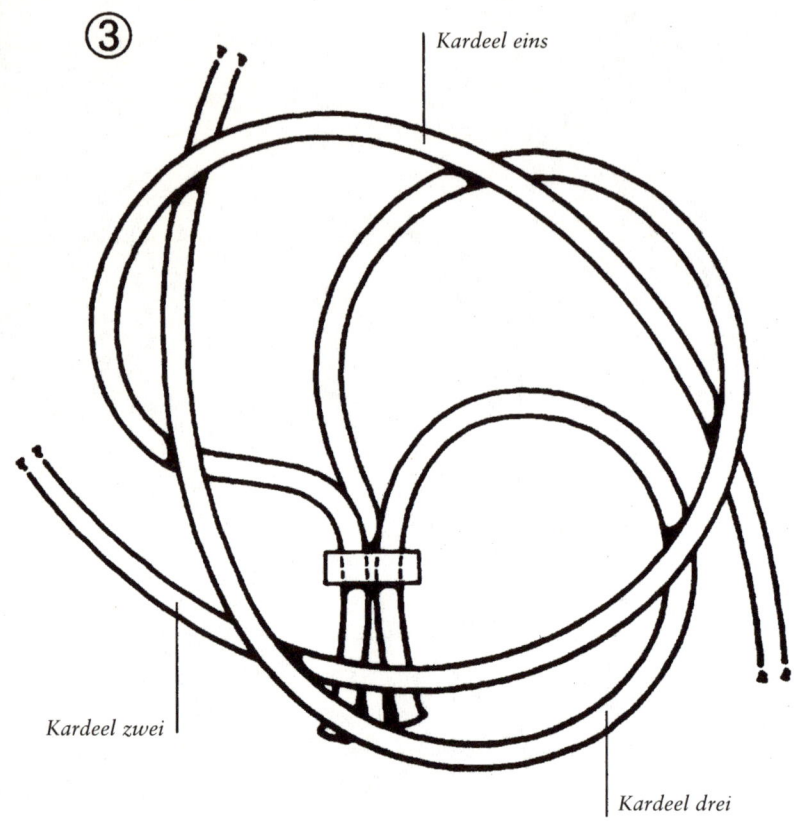

③

Kardeel eins

Kardeel zwei

Kardeel drei

Wie die Abbildung zeigt, die erste Krone bilden, indem man Kardeel eins über Kardeel zwei, Kardeel zwei über Kardeel drei und Kardeel drei über und dann unter Kardeel eins legt. Durch das Dichtholen der Kardeele ergibt sich die erste Krone.

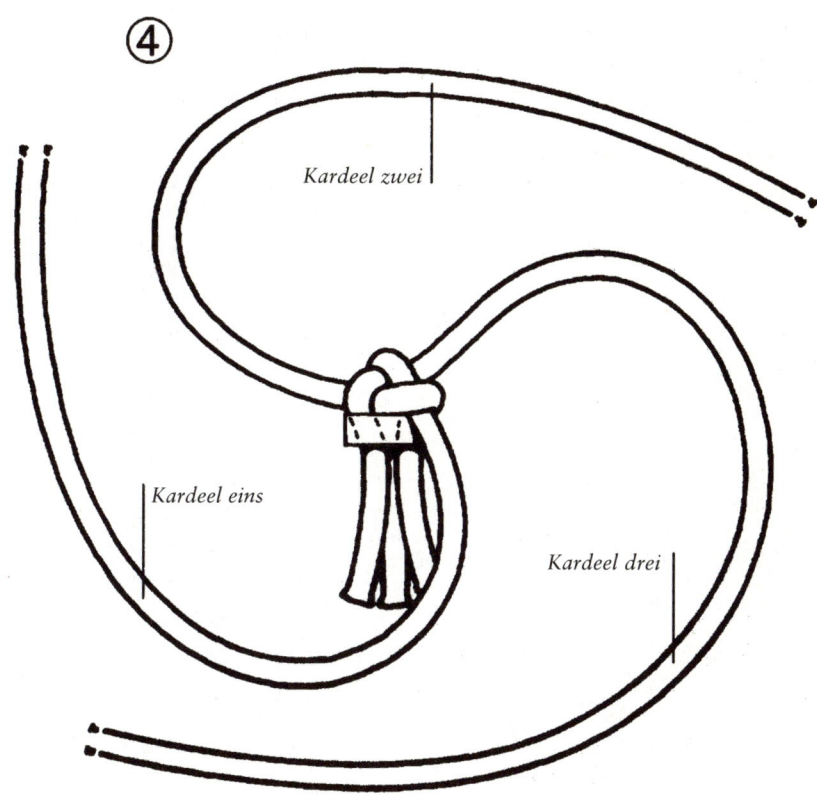

④

Kardeel zwei

Kardeel eins

Kardeel drei

Nun die Platting durch weitere Kronen fortsetzen. Um die hier abgebildete Kronen-platting zu erhalten, müssen die Kronen immer in der gleichen Richtung, in diesem Fall im Uhrzeigersinn, gearbeitet werden.

Fortsetzung Seite 114

PLATTINGS

Kronenplatting

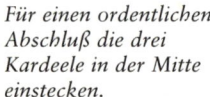

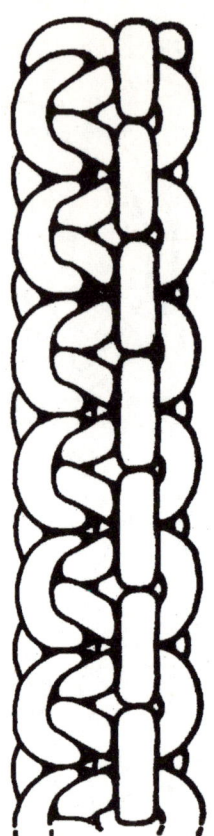

Für einen ordentlichen Abschluß die drei Kardeele in der Mitte einstecken.

Diese interessante Variante der Kronenplatting entsteht, indem man durch einen Wechsel zwischen Kronen im Uhrzeiger- und im Gegenuhrzeigersinn eine dreieckige Platting ausbildet.

Flachknoten

Das höchst dekorative Erscheinungsbild von Flachknoten oder zweidimensionalen Knoten läßt auf den ersten Blick eine komplexe Knüpftechnik vermuten; doch bei richtigem Befolgen der Knüpfanleitung sollten sich keine Schwierigkeiten ergeben. Die häufigste Verwendung für diese Art von Knoten ist bei Matten für Haushalt und Boote. Sehr praktisch sind sie beim Schutz von Gegenständen vor Schaden durch Scheuern und Schamfilen, wie etwa als Bootsfender. Zur Herstellung von runden Matten oder Untersetzern verwendet man am besten den Türkischen Bund mit drei Führungen & fünf Buchten (Seite 93) in seiner flachen Fassung.

Ozeanmatte

Ozeanmatte

Dieser klassische Flachknoten ist überall auf der Welt in einer überraschenden Anzahl von Situationen anzutreffen. Am häufigsten findet man ihn bei Fußabstreifern oder Matten auf Schiffen und Booten. Die Größe des hier abgebildeten Beispiels basiert auf drei Seitenbuchten und stellt die gebräuchlichste Variante dar. Durch mehrere Umläufe der Führung wirkt das Muster solider. Die Größe des Knotens selbst ist unveränderlich. Um den Knoten zu vergrößern, muß die Anzahl der Seitenbuchten erhöht werden. Will man etwa eine lange, schmale Matte für Kajütstreppen knüpfen, verwendet man sechs oder acht Buchten.

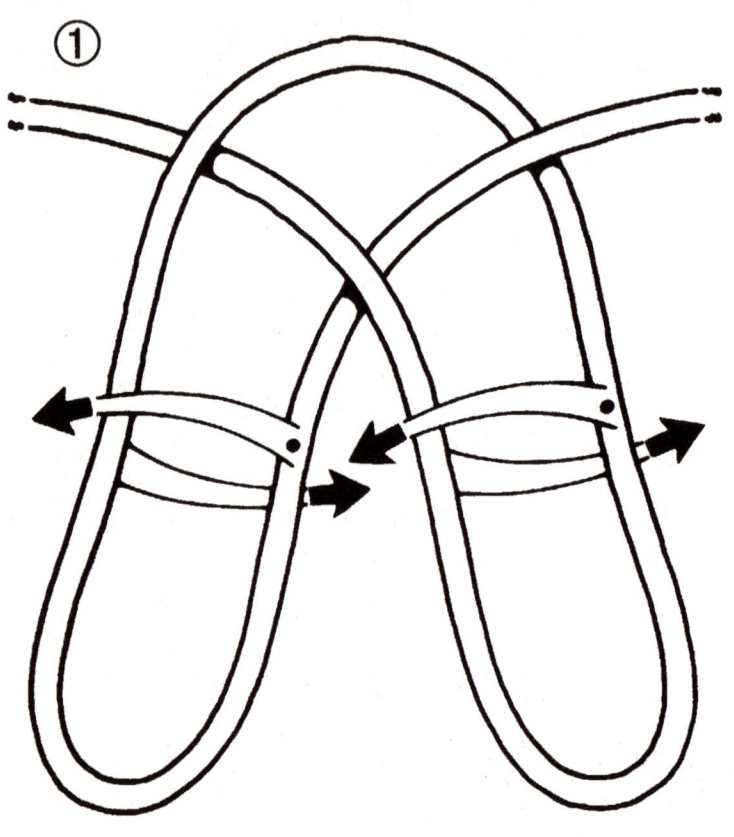

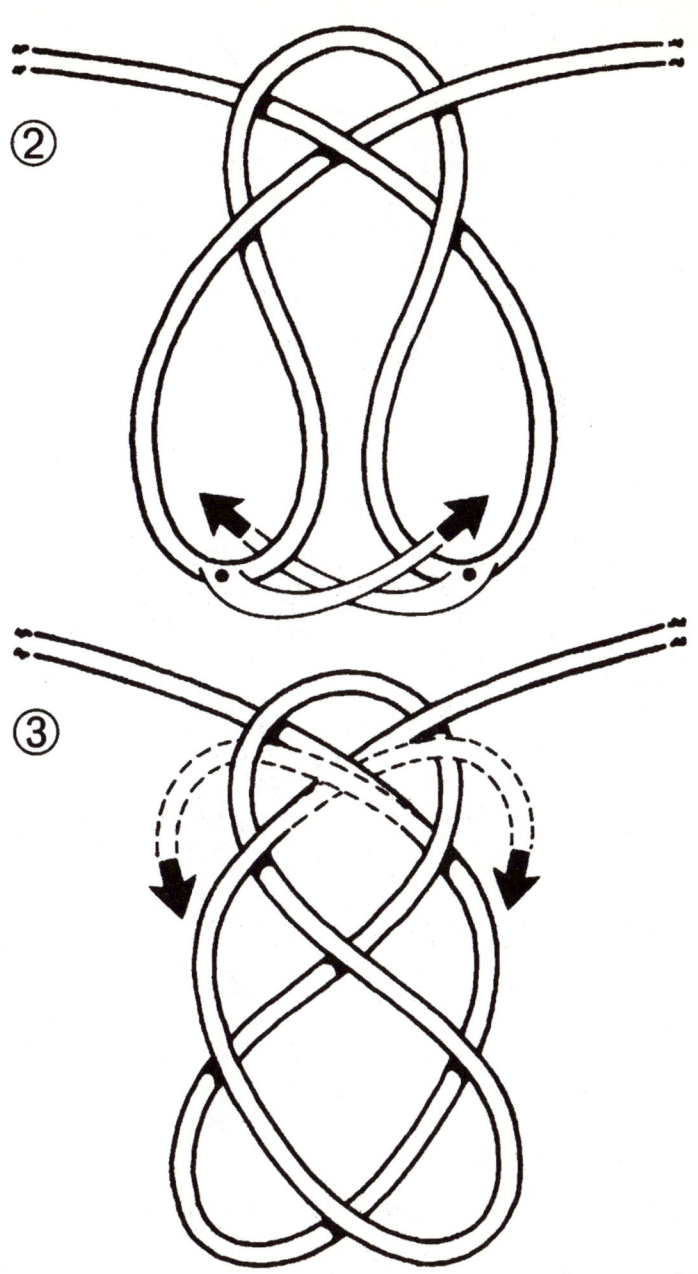

② ③

Fortsetzung Seite 118

Ozeanmatte

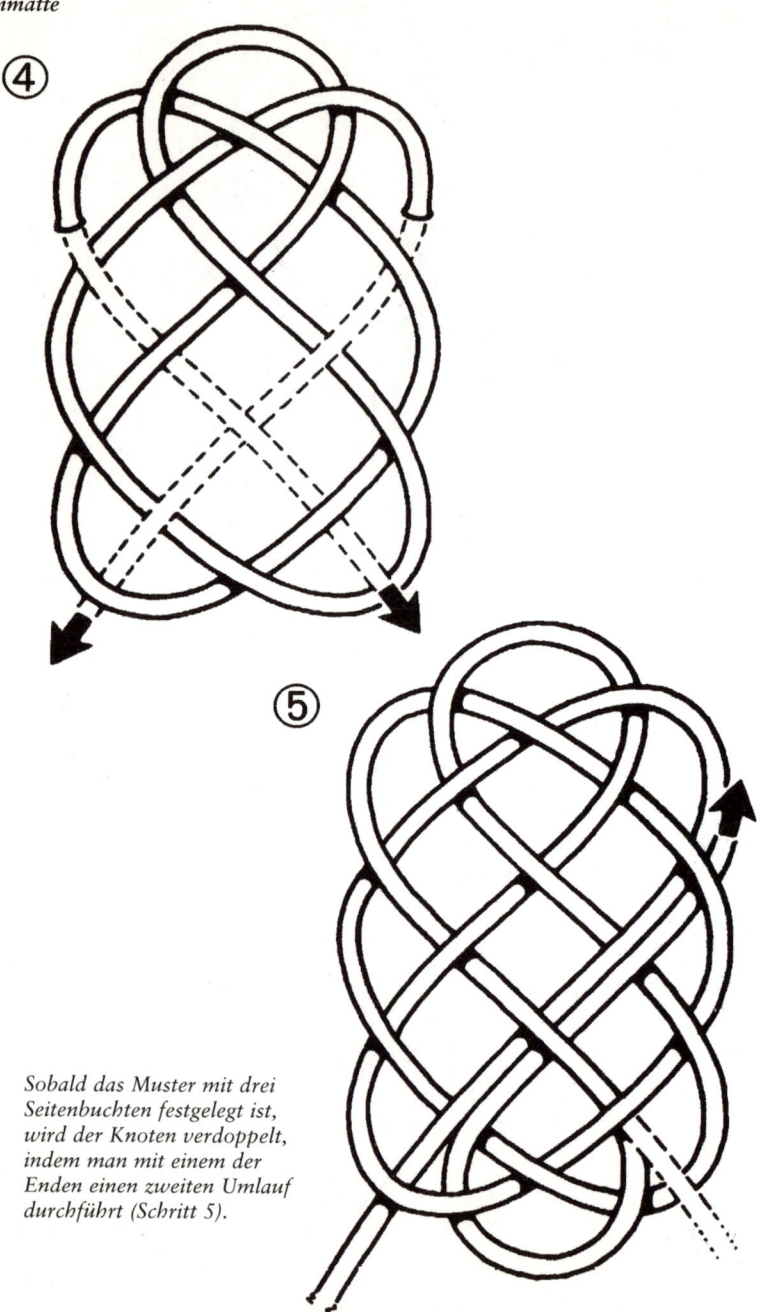

④

⑤

Sobald das Muster mit drei
Seitenbuchten festgelegt ist,
wird der Knoten verdoppelt,
indem man mit einem der
Enden einen zweiten Umlauf
durchführt (Schritt 5).

⑥

Der Knoten kann beliebig oft verdoppelt oder
umlaufen werden. Man kann ihn locker halten
(siehe Abbildung oben) oder dichtholen,
wodurch sich eine solide Form ergibt (Schritt 7).

Fortsetzung Seite 120

Ozeanmatte

⑦

Zum Schluß versteckt man die Enden in der Web-
struktur auf der Unterseite des Knotens. Wenn der
Knoten für eine Matte verwendet wird, kann man die
Festigkeit erheblich verstärken, indem man die Kreu-
zungspunkte mit einem festen Zwirn zusammennäht.

Chinesischer Flachknoten

Dieser rechteckige Flachknoten entsteht durch Vergrößerung eines Kreuz-
knotens. Der Kreuzknoten wird mit zwei Schnüren (Schritt 1) geknüpft
und durch wechselweises Über- und Unterstecken von zwei diagonal
gegenüberliegenden Enden über den Knoten gebildet. Um das dekorative
Erscheinungsbild des Knotens noch zu verbessern, kann man die Enden an
den vier Ecken herausführen und mit anderen Schmuckknoten, wie dem
Mehrfach-Überhandknoten (Seite 20), abschließen (Schritt 5).

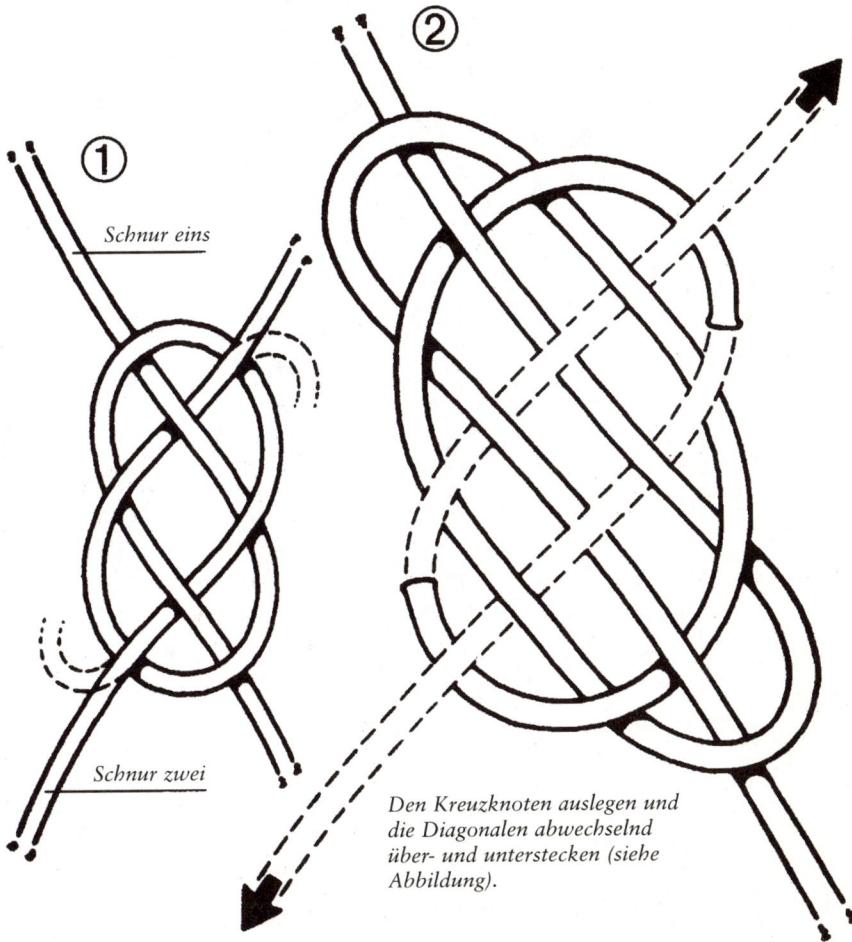

① Schnur eins

Schnur zwei

②

Den Kreuzknoten auslegen und
die Diagonalen abwechselnd
über- und unterstecken (siehe
Abbildung).

FLACHKNOTEN

Fortsetzung Seite 122

Chinesischer Flachknoten

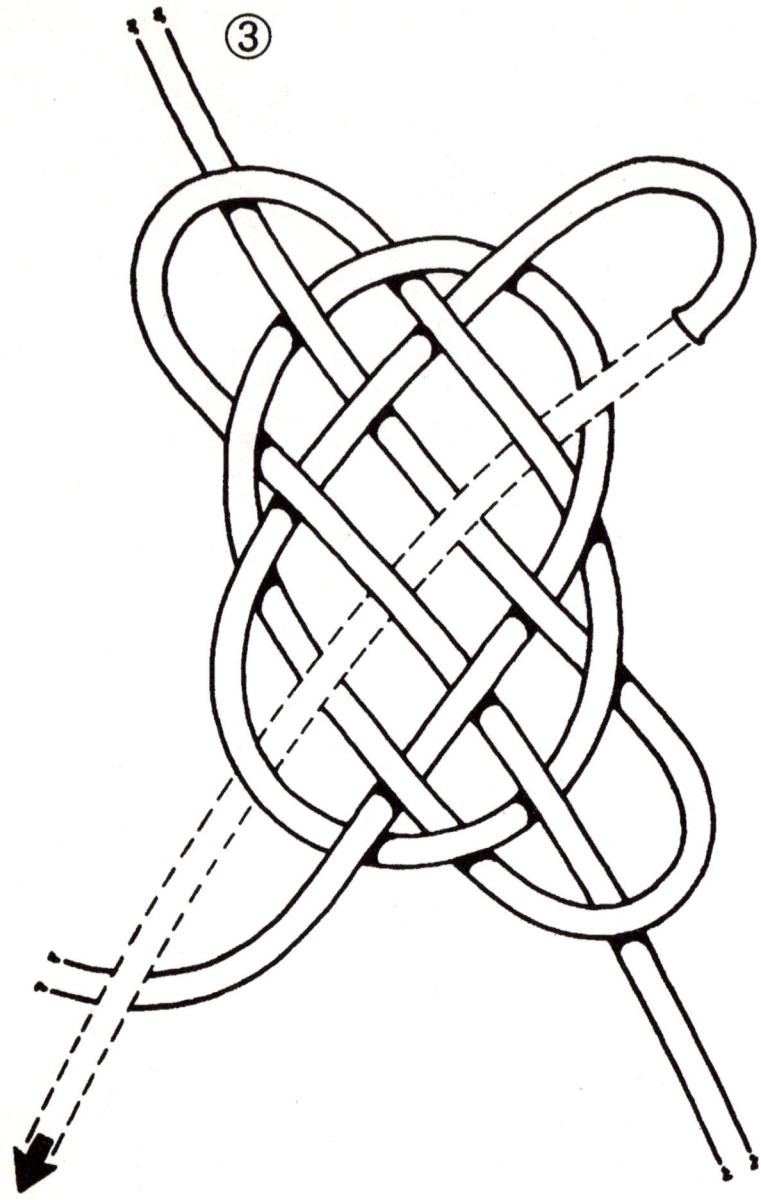

④

Fortsetzung Seite 124

Chinesischer Flachknoten

FLACHKNOTEN

⑤

Den Knoten zum Schluß auslegen und in seine
endgültige Form bringen. In die vier Enden
dekorative Stopperknoten knüpfen.

Kombinierte Schmuckknoten

Schmuckknoten können allein oder in dekorativen Kombinationen eingesetzt werden. Sie können praktische Verwendung finden oder einen rein
dekorativen Charakter haben. Dieses Kapitel zeigt nur einige Beispiele für
die Verwendung von Schmuckknoten. Doch aus dem Zusammenspiel der
hier enthaltenen Informationen und einem gewissen Einfallsreichtum
ergeben sich zahllose Anwendungsmöglichkeiten.

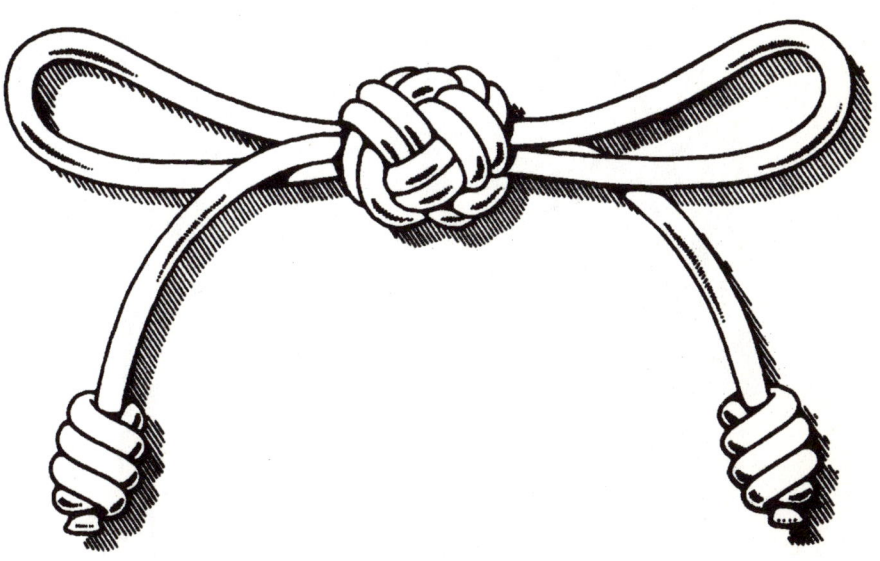

Raffband für den Vorhang in Form eines Türkischen Bunds

Zierknöpfe

Um die dekorative Wirkung von Knopfknoten (Seite 69) noch zu erhöhen, kann man sie mit Hilfe aufgenähter Flachknoten an Kleidungsstücken befestigen. Jeder Knopf wird mittels zweier solcher Flachknoten gehalten – einer bildet die Schlaufe für das Knopfloch und der andere hält den Knopf selbst. Der Türkische Bund mit drei Führungen & fünf Buchten (Seite 93) eignet sich in seiner flachen Form zu diesem Zweck. Vergrößert man die Zahl der Buchten auf sieben (Schritte 1, 2 & 3), erhält man eine hübsche runde Form. Schritt 5 zeigt die vollständige Kombination von zwei Flachknoten und einem doppelten Chinesischen Knopfknoten (Seite 72).

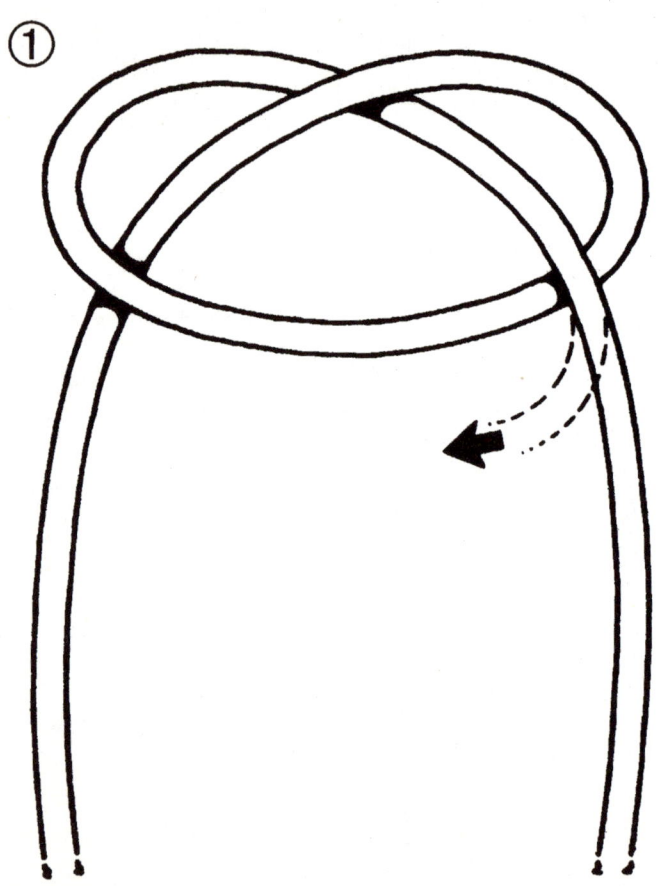

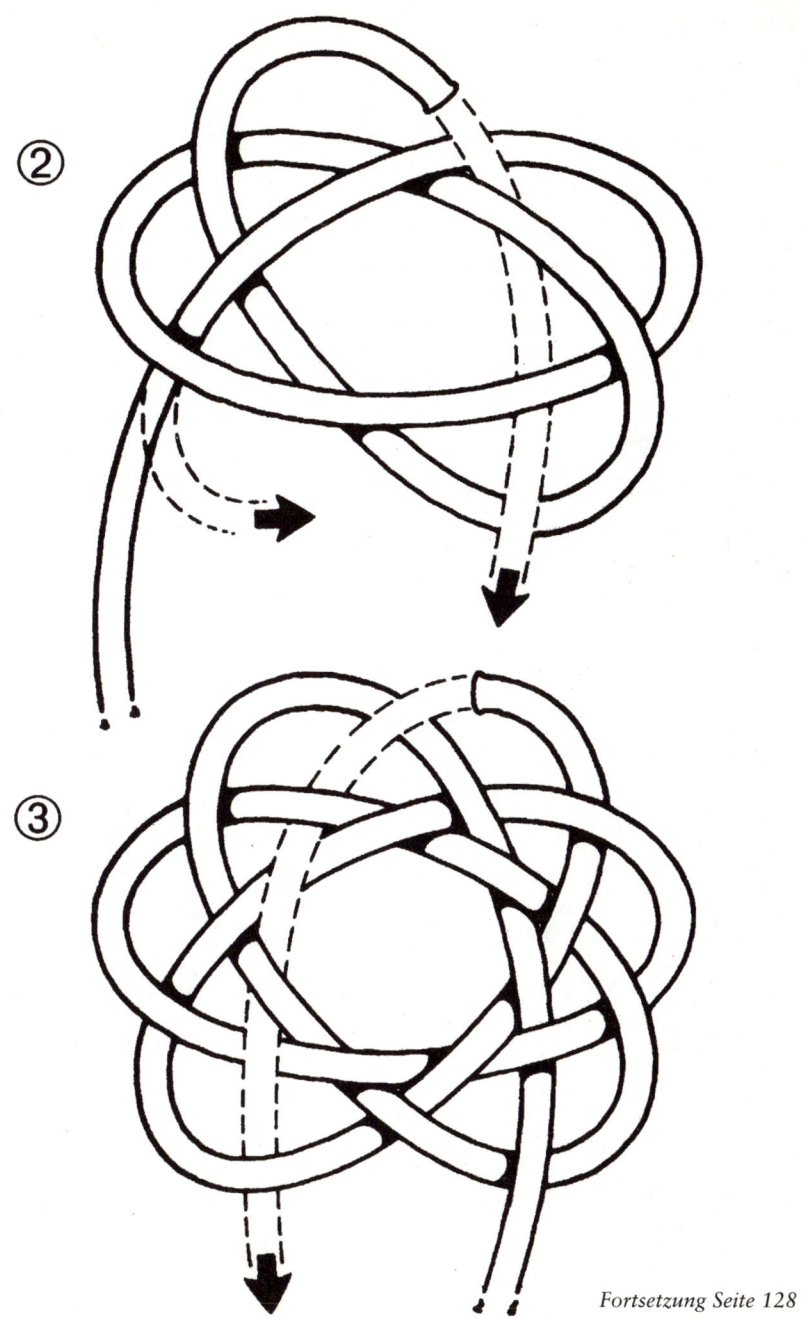

② ③

KOMBINIERTE SCHMUCKKNOTEN

Fortsetzung Seite 128

Zierknöpfe

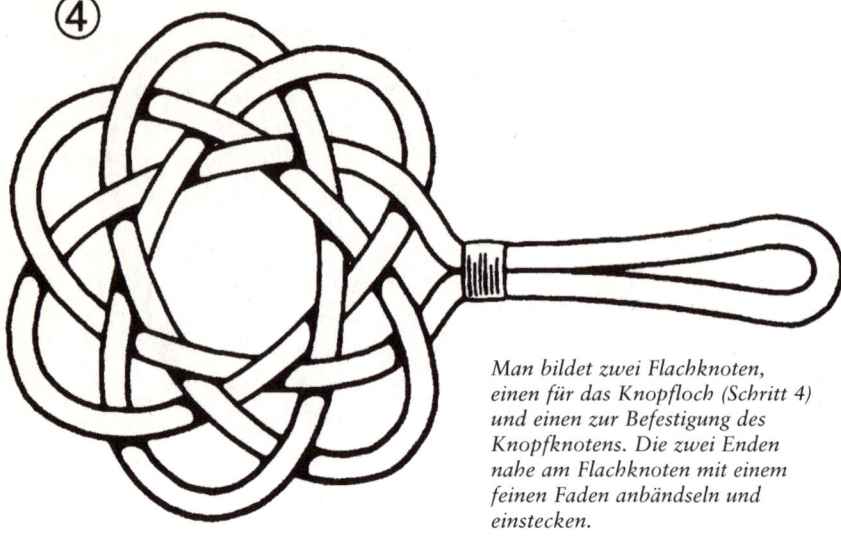

Man bildet zwei Flachknoten, einen für das Knopfloch (Schritt 4) und einen zur Befestigung des Knopfknotens. Die zwei Enden nahe am Flachknoten mit einem feinen Faden anbändseln und einstecken.

Zum Schluß einen doppelten Chinesischen Knopfknoten an einem der Flachknoten befestigen. Die beiden Flachknoten verbinden und am Kleidungsstück anlegen. Mit einem dünnen Faden am Stoff festnähen. Naht an der Knotenunterseite anbringen.

Vorhangraffband mit Türkischem Bund

Teuer wirkende Raffbänder für Vorhänge können erstaunlich einfach hergestellt werden. Man legt ein Stück hochwertiger Schnur aus (Schritt 1) und bändselt es in der Mitte mit Klebeband oder Faden fest (siehe Abbildung). Mit einem zweiten Stück Schnur knüpft man einen festen Türkischen Bund mit vier Führungen & drei Buchten (Seite 96) um das erste Stück Schnur, und zwar über der bebändselten Stelle. Zum Schluß (Schritt 2) verknüpft man die beiden Enden mit Mehrfach-Überhandknoten (Seite 20).

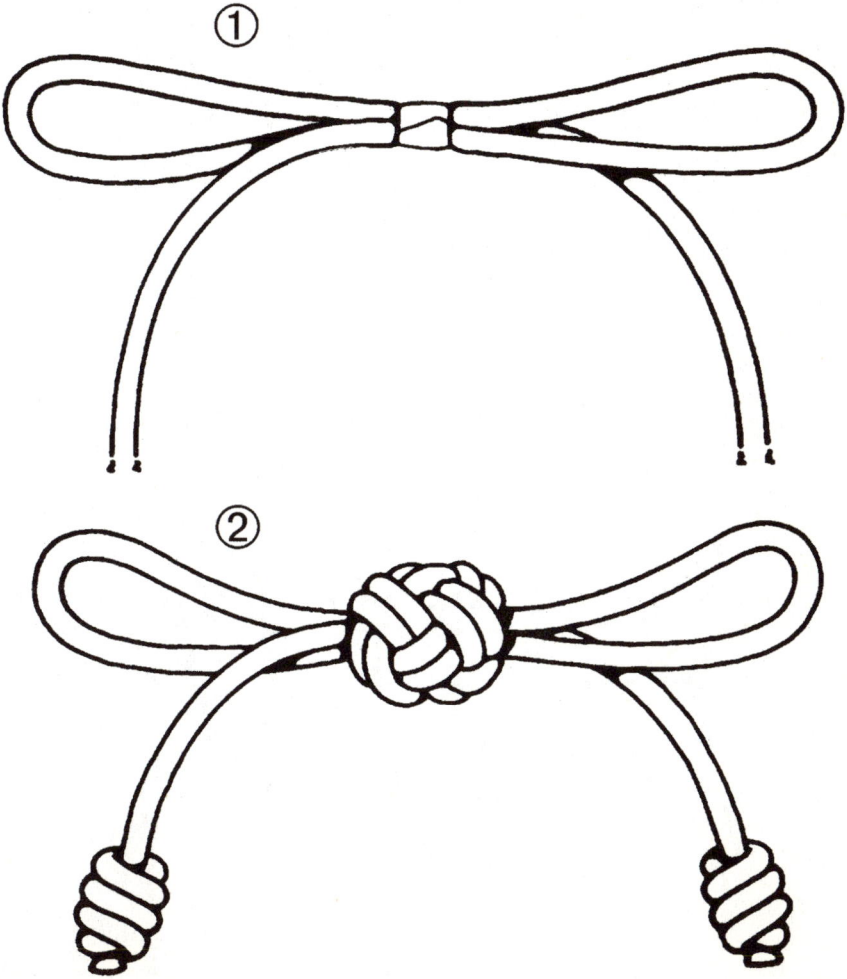

Strickleiter

Dieses Beispiel zeigt, daß sich aus Schmuckknoten ein äußerst zweckmäßiger Gebrauchsgegenstand herstellen läßt. Für jede einigermaßen lange Leiter benötigt man eine Schnur von erheblicher Länge. Man sollte sich also nur an die Arbeit machen, wenn man über ausreichend Schnur verfügt. Zuerst wird die Schnurlänge gemittelt und in der Bucht eine Schlaufe geknüpft. Bei dem hier abgebildeten Beispiel wurde eine Achtschlaufe verwendet. Das linke Ende auslegen (Schritt 1) und das rechte Ende durchführen (siehe Abbildung), um mit einer Reihe von Törns zu beginnen. Die Breite der Sprosse bestimmen und die notwendigen Törns vornehmen. Die Sprosse abschließen (Schritt 2). Die Törns dabei dichthalten und sicherstellen, daß die Sprosse auf beiden Seiten fest ist. Fortfahren, bis die erforderliche Sprossenzahl erreicht ist.

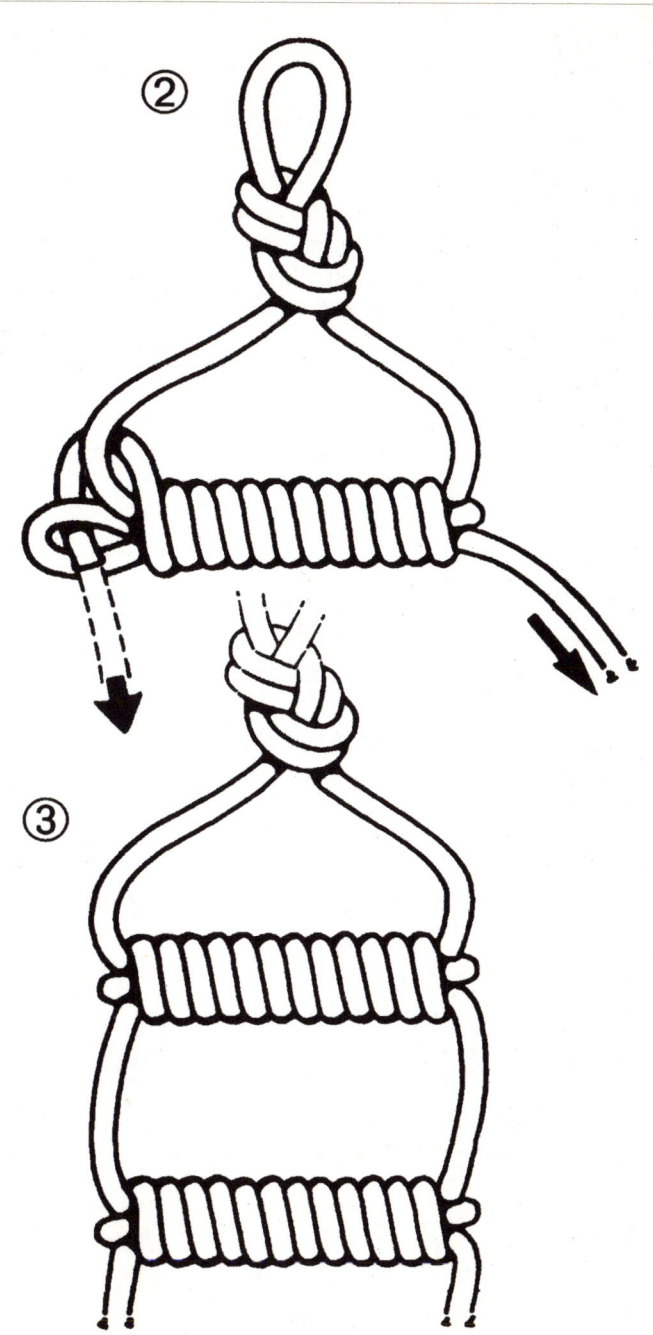

② ③

Pflanzenhalter

Hier wird gezeigt, wie eine Reihe von Knoten so geknüpft werden kann, daß ein Gegenstand entsteht – in diesem Fall ein einfacher, aber wirkungs- voller Pflanzenhalter. Dieses Projekt erfordert eine gewisse Vorplanung. Der Halter sollte zuerst in groben Zügen um den Topf ausgelegt werden, um die verschiedenen Schnurlängen zu bestimmen. Außerdem muß bedacht werden, ob der Topf auf Dauer im Halter bleibt oder regelmäßig herausgenommen wird, da dieser Aspekt bei der Herstellung berücksichtigt werden muß. Die wichtigsten Teile werden von Reffknoten gebildet (Schritte 1 & 2). Doch kann auch eine Vielzahl anderer Knoten zur Anwendung kommen, wie etwa der Kreuzknoten (Seite 121). Oben und unten werden zwei Augen gebändselt (Schritte 3 & 4). Schritt 5 zeigt den fertigen Halter.

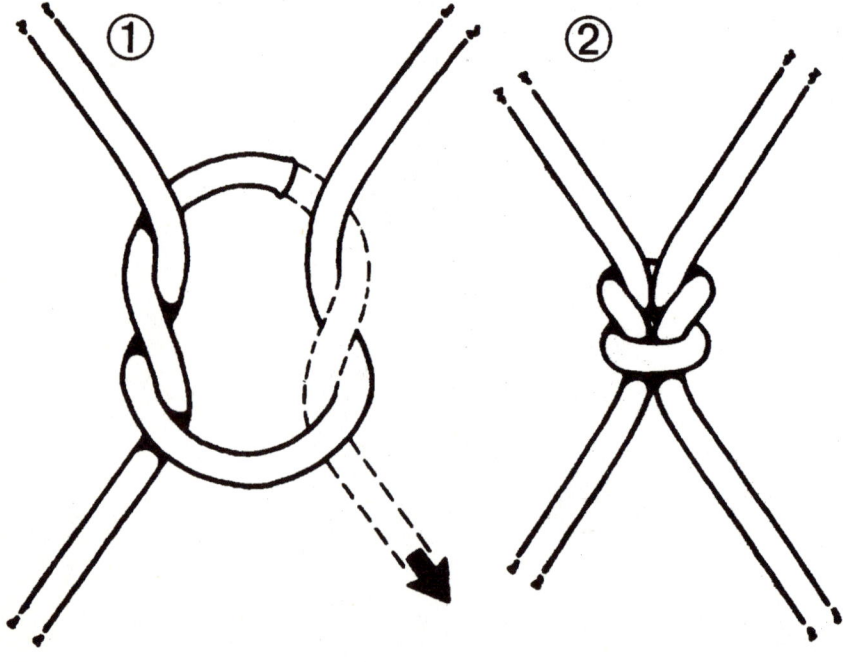

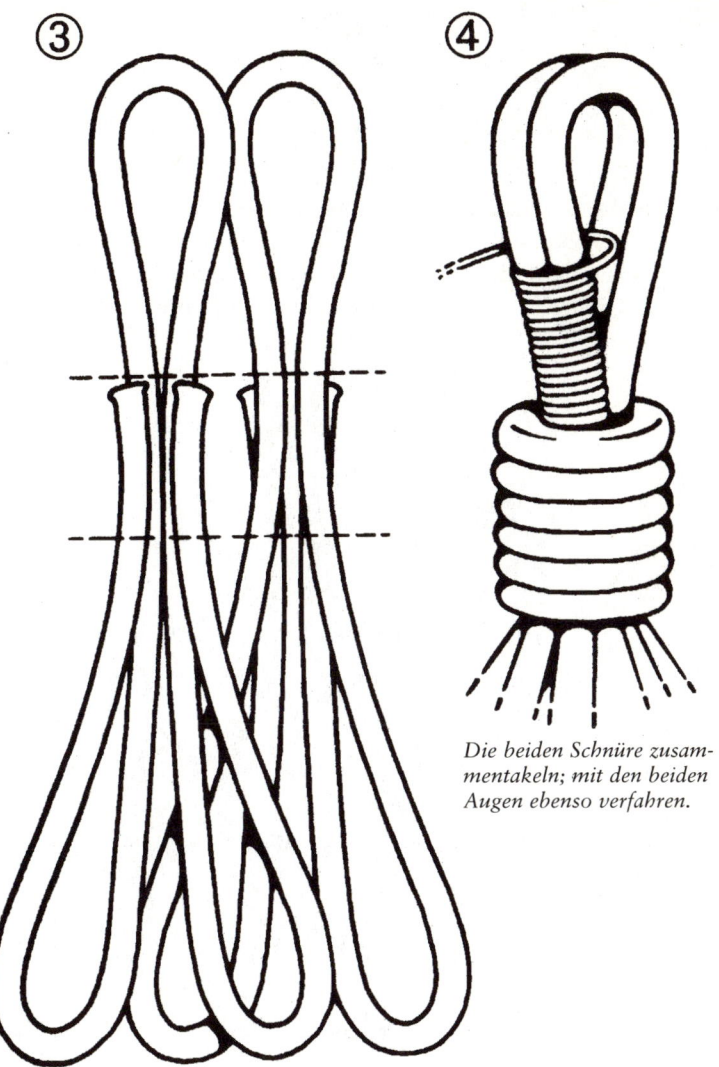

③

④

Die beiden Schnüre zusammentakeln; mit den beiden Augen ebenso verfahren.

Für Ober- und Unterteil zwei Stücke Schnur auslegen (siehe Abbildung). Wie in Schritt 4 gezeigt, zusammentakeln; dabei die auf Seite 16 beschriebene Technik für einen Takling an einem Seilende verwenden.

Fortsetzung Seite 134

KOMBINIERTE SCHMUCKKNOTEN

Pflanzenhalter

KOMBINIERTE SCHMUCKKNOTEN

⑤

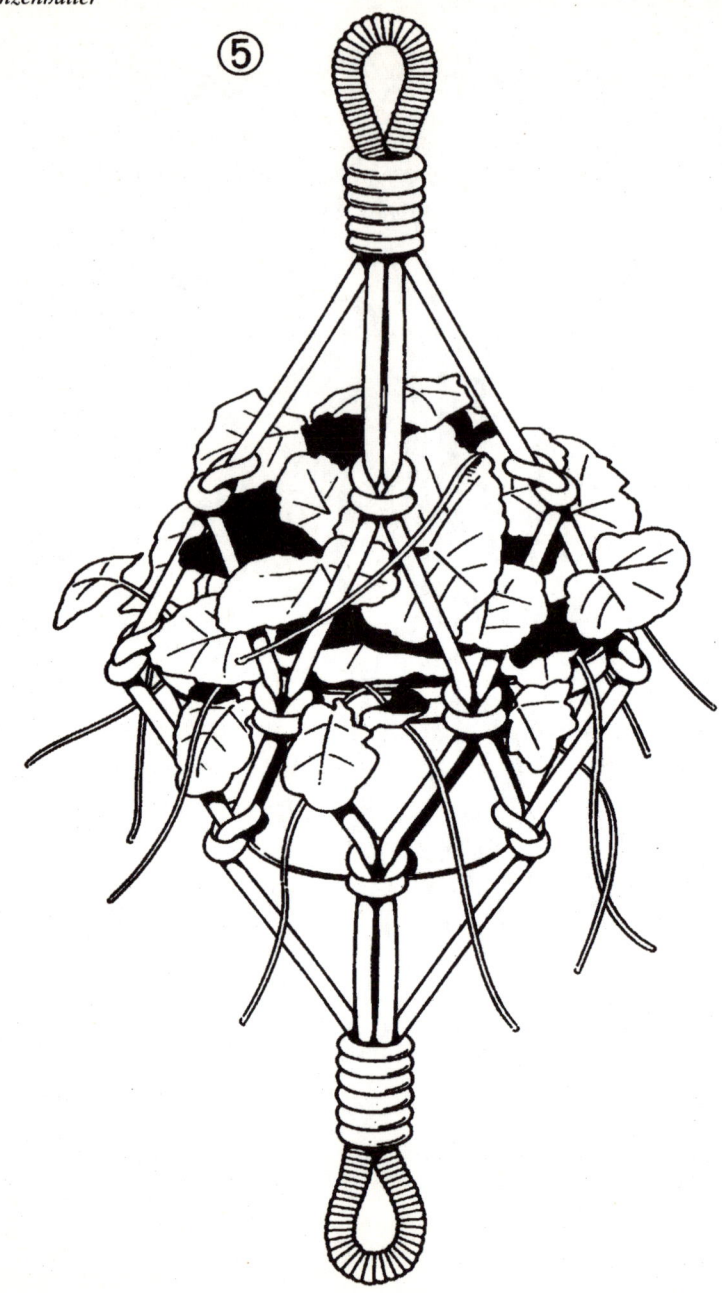

Chinesische Libelle

Seit der Mitte des 19. Jahrhunderts sind vor allem Juweliere vermehrt dazu übergegangen, Insekten und Schmetterlinge durch die Kombination verschiedener Schmuckknoten zu gestalten. Diese chinesische Libelle ist ein beliebtes Beispiel. Sie besteht aus einem Chinesischen Knopfknoten (Seite 70) und zwei Liebesknoten (Seite 58).

Glossar

Applikation   Verzierung oder Besatz, der auf einem Gewebe festgenäht oder anderweitig befestigt wird.

Arbeiten (einen Knoten)   Einen Knoten ausformen, dichtholen und so zum Abschluß bringen.

Aufdröseln   Das Auflösen eines Seils, vor allem am Ende.

Auge   Schlinge, die am Ende einer Schnur durch Spleißen oder Bändseln entsteht.

Bändselgut   Dünne Schnur, Zwirn, Faden o.ä. mit einem Umfang von weniger als 2,5 cm und einem Durchmesser von weniger als 1,25 cm.

Bändseln   Mit Garntörns befestigen oder sichern.

Bucht   Das schlaffe Teil des Seils zwischen losem Ende und stehender Part. Der Begriff findet vor allem dann Anwendung, wenn dieses Seilteil zu einer Schlaufe geformt und auf sich selbst zurückgeschlagen wird. Bei »in der Bucht« geknüpften Knoten sind die Enden nicht am Knüpfprozeß beteiligt.

Ende (Part)   Im allgemeinen das Schnurende, in dem der Knoten geknüpft wird. Siehe »Stehende Part« und »Loses Ende«.

Faden   Dünnes Gebilde aus miteinander verflochtenen Fasern (gewöhnlich Baumwolle), das beim Nähen Verwendung findet.

Fender   Polster aus biegsamem Material, das an den Außenseiten eines Boots befestigt wird, um Schäden beim Anlegen oder Vertäuen zu verhindern.

Flechten   Mehrere dünne und biegsame Materialien verkreuzen oder verschlingen.

Folgen (der Führung)   Eine Schnur parallel zum ersten Führungskardeel leiten; gewöhnlich nach der Über-unter-Methode.

Führung   Die Richtung, die das lose Ende durch einen Knoten nimmt. Wird der Knoten umlaufen, folgt das lose Ende der Führung ein zweites Mal.

Garn Das grundlegende Element eines Seils oder einer Kordel aus Synthetik- oder Naturfasern.

Hievleine Eine Leine, in deren Ende ein beschwerter Knoten geknüpft ist. Sie wird an einem schwereren Seil befestigt und vom Boot ans Ufer oder zu einem anderen Boot geworfen und beim Vertäuen oder Anlegen als Wurfleine für ein schwereres Tau benutzt.

Kardeel Garne, die in der entgegengesetzten Richtung zum Garn gedreht werden. Aus Kardeelen bestehende Seile (bei nicht geflochtenem Seilwerk) werden geschlagene Seile genannt.

Kordel Verschiedene, eng zusammengedrehte Garne, die eine Schnur mit einem Durchmesser von weniger als 1,25 cm bilden.

Leine Allgemeiner Begriff, der durch Zusätze näher definiert werden kann, z. B. Wäscheleine, Angelleine.

Loses Ende Das Teil des Seils, das beim Binden des Knotens aktiv beteiligt ist. Der Gegensatz dazu ist das »Stehende Ende«.

Mitteln Die Mitte einer Schnur bestimmen, indem man die Enden zusammenlegt.

Platting Flechtwerk (flach, rund oder rechteckig), das aus drei bis neun Kardeelen hergestellt wird.

Schamfilen Durch Reiben beschädigen.

Schlag Die Drehrichtung – rechts oder links – der Kardeele, die das Seil bilden.

Schlaufe Ein Seilteil, das so ausgelegt ist, daß es zusammenläuft oder sich kreuzt.

Seele Das Innenteil oder Kernstück, das sich in Tauen und Plattings aus mehr als drei Kardeelen sowie in den meisten geflochtenen Schnüren befindet. Sie besteht aus mehreren parallelen Kardeelen oder locker gedrehten Garnen, die durch die gesamte Länge des Seils verlaufen. Der Begriff kann sich auch auf das Mittelteil einer Affenfaust beziehen und der Gewichtsverstärkung dienen.

S-geschlagenes Seil Linksgeschlagenes Seil.

Sprosse Querstück, das die Stufe einer Leiter bildet.

Stehende Part Das Teil des Seils, das fest und gespannt ist (Gegenteil des losen Endes, mit dem der Knoten geknüpft wird).

GLOSSAR

Stehendes Ende   Das kurze Stück am Ende der stehenden Part des Seils.

Stopperknoten   Ein abschließender Knoten, der in das Ende einer Schnur oder eines Seils gebunden wird, um ein Aufdröseln zu verhindern und ein dekoratives Ende zu bilden.

Takling   Eine Reihe von Törns mit Takelgarn oder Schnur, die als Lasching am Ende eines Taus oder einzelner Kardeels angebracht wird, um ein Aufdröseln zu verhindern.

Taljereep   Ein kurzes Stück Seil oder Schnur, das mit Knoten oder Plattings verziert wird. Zum Sichern persönlicher Gegenstände; gewöhnlich um den Hals gelegt oder am Gürtel befestigt.

Tauwerk   Oberbegriff für Seile und Trossen, insbesondere für solche, die in der Takelage Verwendung finden.

Trosse   Starkes Tau mit mehr als 2,5 cm Umfang, das aus geschlagenen Seilkardeelen oder Draht besteht.

Über-unter-Methode   Beschreibung des Schnurverlaufs in Knoten, wie etwa beim Türkischen Bund.

Umlaufen   Dem Führungskardeel eines Schmuckknotens nochmals folgen.

Z-geschlagenes Seil   Rechtsgeschlagenes Seil.

Verzeichnis der Knoten

EIGENE KNOTEN

EIGENE KNOTEN

EIGENE KNOTEN

EIGENE KNOTEN

Für Outdoor-Aktivitäten

Eric C. Fry
Das große BLV Knotenbuch
Das Knüpfen von Knoten, die Herstellung von Tau- und Drahtspleißen, die Produktion dekorativer Knotenkunst wie Schmuckknoten und Matten – alles leicht nachvollziehbar dargestellt in Schritt-für-Schritt-Anleitungen.

Peter Owen
Outdoor-Knotenfibel
Die 70 wichtigsten Knoten step by step
Wichtig beim Segeln, Camping, Klettern, Fischen, Jagen und vielen Outdoor-Sportarten: die 70 wichtigsten Knoten, leicht zu erlernen mit Schritt-für-Schritt-Anleitungen und detaillierten Phasendarstellungen.

Irving Tom Burgess
Die praktische Knotenfibel
knoten, schlingen, spleissen
Anleitung für Segler, aber auch für Angler, Jäger, Bergsteiger und Bastler – bewährt in hundertjähriger Praxis: Knoten, Steken, Zöpfe und Matten flechten, weben, Kunstfasertauwerk spleißen.

John Long
Praxis Sportklettern
Modernes Lehrbuch mit den neuesten Erkenntnissen, Erfahrungen und Methoden: Spielform Sportklettern, Wandklettern und Rißklettern, Sicherungskette, Klettern im Vorstieg, Abstieg, Klettertraining, Anfangen und Überleben.

Roland Denk
Handbuch Segeln
Das Standardwerk von einem namhaften Autorenteam: Geschichte, Rekorde, Bootskunde, Seemännische Arbeiten, Theorie, Trimm, Segelpraxis, Sicherheit, Regattasegeln, Wetter, Navigation, Segellexikon.

Kurt Seifert / Alexander Kölbing
So macht Angeln Spaß
Mehr wissen – mehr fangen
Handbuch der Angelfischerei: heimische Süßwasserfische mit Kennzeichen und Biologie, Angeltips, wirtschaftlicher Bedeutung; Angeltechniken und Geräte, rechtliche Bestimmungen.